いつもすてきに暮らしたい！

村上祥子の
おひとりさまごはん

女子栄養大学出版部

おひとりさまの食べ力（ちから）。

「おひとりさまごはん」ができているか否か。
それはおひとりさまが人間らしく、自己を確立するための必須条件。
いまは「見た目」の時代。
小綺麗でオシャレな生き方を最後まで底支えしてくれるのは、「食べ力（ちから）」
シンプルな"食"の処方箋、
「村上祥子のおひとりさまごはん」をお届けします。
毎週、福岡から東京へ飛び、
「ちゃんと食べて、ちゃんと生きる」を全国に向けて発信している、
村上祥子からのメッセージ。
"ひとは見えないところが勝負です"

村上祥子

本書についてお尋ねのことがあれば、TEL03-5466-0663 ㈱ムラカミアソシエーツ
まで、ご連絡ください。月曜〜金曜9：00〜17：30／土日祝休

村上祥子の おひとりさまごはん
CONTENTS

Part 1 おいしい1週間 …… 9

1週間、材料使い切りレシピ …… 10

1週間レシピ 夕食1

- 月曜日　ごはん／タイ茶漬け／白菜のフルーツサラダ／もずくのみそ汁 …… 12
- 火曜日　ごはん／ローストチキン／白菜のグラタン／からつゆ …… 14
- 水曜日　ごはん／麻婆豆腐／里芋とトマトの酸辣湯／ヨーグルト …… 16
- 木曜日　スパゲティ・トマトソース／カツレツ・ミラネーゼ／フルーツ&バニラアイスクリーム …… 18
- 金曜日　ごはん／マグロの漬物タルタル／大根の千枚漬け／具だくさん汁 …… 20

1週間レシピ 夕食2

- 月曜日　ごはん／アジのムニエル／アジと大根のぬたあえ …… 22
- 火曜日　ごはん／カレイの煮つけ／もやしと小ねぎのポン酢炒め／キャベツのみそ汁 …… 24
- 水曜日　茶飯／おでん／なめこと三つ葉のみそ汁 …… 26
- 木曜日　ごはん／照り焼きチキン／キャベツのサラダ／きんぴられんこん …… 28
- 金曜日　カニめし／だし巻き卵／具だくさんみそ汁 …… 30

1週間レシピ 夕食3

- 月曜日　アジずし／みょうがとほうれん草のかわりごまあえ／アジとにんじんの潮汁 …… 32
- 火曜日　ごはん／蒸し鶏／麻婆スープ／なす漬け …… 34
- 水曜日　ごはん／ペーパーカツ／手ちぎりキャベツ／なすと絹さやのみそ汁 …… 36
- 木曜日　ごはん／大根とサクラエビの煮物／ほうれん草とベーコンのサラダ／うずみ豆腐 …… 38
- 金曜日　天丼／麩のみそ汁 …… 40

朝食バリエーション

- 朝食1　チーズとおかかのオムレツ／ミルクティ／キウイ／バゲット …… 42
- 朝食2　ごはん／豆腐の納豆のせ／きゅうりのぶったたき／糸寒天とわかめのみそ汁 …… 44
- 朝食3　目玉焼きトースト／きゅうりとトマトのサラダ／カフェオレ …… 45
- 朝食4　ごはん／ハムとオクラ／トマトのみそ汁 …… 46
- 朝食5　パンケーキ／オレンジミルク／デミタスコーヒー …… 47

休日は冷凍保存のおかずが活躍！
かき揚げの天ぷらうどん …… 48

Part 2 いろいろ楽しい満足レシピ……49

- 春野菜の鍋……50
- さつまいもとにらの豚しゃぶ鍋……52
- 石狩鍋……53
- 鶏しんじょ鍋……54
- サケのから揚げ……56
- サーモンチャウダー……57
- サンマの酢煮……58
- サケの煮つけ……59
- タラの酒蒸し……60
- 塩サバ焼き……61
- カキとぎんなんのオイスターソース炒め……62
- キャベツともやしの焼きそば……64
- チンゲンサイのにんにく炒め……65
- カニ風味かまぼこのグラタン……66
- ミートローフ……67
- トマトのパリジャン……68
- ポテトとキャベツのインド風サラダ……69
- にんじんとリンゴのサラダ……70
- かぼちゃのサラダ……71
- 薄焼き卵……72
- 油淋鶏……74
- アナゴどんぶり……75
- ボンゴレスパゲティ……76
- 豆カレー……77
- 昆布の佃煮……78
- 水煮大豆の甘煮……79
- ミックスピクルス／キャベツの一夜漬け／小松菜の野沢菜漬け風……80

生鮮食材の冷凍術……82

Part 3 四季折々の楽！レシピ

春レシピ
ちらしずしとはんぺんのすまし汁 …… 84

夏レシピ
お盆の精進料理
冷やしそうめん／お煮しめ／れんこんとわかめの三杯酢／ごま豆腐 …… 86

秋レシピ
きのこのおこわと茶碗蒸し …… 88

冬レシピ
少量おせち
筑前煮／雑煮／黒豆／昆布巻き／紅白なます／きんとん／数の子 …… 90

ちょっとお楽しみのレシピ …… 94

酒の肴
酔っぱらいエビ …… 95
きのこのゆず浸し …… 96
アスパラとカニの加減酢かけ …… 97
ポテトベーコン …… 98
ミニ焼きとり …… 99
ほうれん草のおひたし／切りっぱなしトマト／ゆでブロッコリーのマヨネーズ添え …… 100

スイーツ
生キャラメル …… 102
バニラアイスクリーム＆はちみつ・コンデンスミルク …… 103
ふわふわチョコレートケーキ …… 104
1分プリン …… 105
いちごのコンポート …… 106

「食」は生きるうえで、いちばんの基本部分。だから、ちゃんと食べる。 …… 107

ムラカミ流シンプルキッチン …… 108

料理索引・エネルギー・塩分一覧 …… 110

本書の使い方

● 電子レンジは600Wのものを基準にしています。700Wの場合は同じ加熱時間で大丈夫です。500Wの場合は加熱時間を2割増しにしてください。電子レンジの使い方の説明は次ページにあります。

● 計量の単位はすりきりで小さじ1が5ml、大さじ1が15ml、1カップは200mlです。

● 液状みそは、みそと濃縮だしを合わせた液状みその市販品です。ない場合は普通のみそを同量お使いください。水はだしにかえてください。

知って得する電子レンジのこと

本書のレシピには電子レンジ使いのテクニックが盛りだくさん。簡単でヘルシーなのはもちろん、洗い物が少なくてすむのが電子レンジのいいところ。電子レンジの特性を知って、上手に使いこなしてください。

(1) 電子レンジの加熱の特性を知りましょう

電子レンジは電磁波で加熱する調理器具です。電磁波は食品や調味料に含まれる水分にあたり、1秒間に24億5千万回という猛スピードで振動させて、加熱します。食品の重さが2倍なら加熱時間も2倍になります。食品が同じものなら大きさや形状が違っていても、重さが同じなら加熱時間は同じです。だから、食品の計量が成功への道。スケールは電子レンジ調理には必携です。

1 調味料だけで煮炊きする場合

電子レンジは食品の水分を加熱して調理をします。ほとんどの料理は、調味料だけで煮炊きすることになります。食品100gで、電子レンジ600W 2分加熱で調理です。

2 水分の多い豚汁やカレーなどを煮る場合

水を加えた料理もあります。例えば、汁物やカレーなどの煮込みものです。1人分で電子レンジ600Wで7分加熱を目安とします。

※ターンテーブルがホーロー鉄板の場合
ターンテーブルをこぶしで叩くと、コンコンと金属の音がするタイプです。この場合は、やってくる電磁波をとっては投げ、とっては投げ、と跳ね返してしまうので、食品の熱のあたりが悪くなります。このタイプの電子レンジの場合、加熱時間は表示の2倍と考えてください。

(2) 電子レンジは最後のひと混ぜで、熱も回り、味もなじみます

電子レンジ調理は加熱が終わったら、とり出してひと混ぜします。これで熱が均一に回り、味もなじみます。

ターンテーブルあり
ターンテーブルなし
電子レンジの使い方

ターンテーブルあり電子レンジ
（従来型）

1 肉と野菜を一緒に調理するときは、火の通りにくい肉が上、野菜は下に。
2 ラップは両端をあけた"端あけラップ"に。ラップの破裂防止策。
3 "割り箸ゲタ"でお皿の下に熱の通り道を作る。
4 煮汁が食品の高さの半分以下のときは、クッキングシートと小皿で落としぶたを。
5 加熱する容器は、ターンテーブルの端に置く。

ターンテーブルなし電子レンジ
（新型）

1 肉と野菜を一緒に調理するときは、火の通りにくい肉が下、野菜は上に。
2 ラップは両端をあけた"端あけラップ"に。
3 "割り箸ゲタ"は使わない。
4 クッキングシートと小皿で落としぶたを。
5 加熱する容器は、中央に置く。

Part 1

おいしい1週間

* * * * *

1週間の材料使い切りレシピと朝食バリエーション

1週間、材料使い切りレシピ
効率よく材料を使い、ムダのない献立を

月～金曜日までの5日間を基本に献立を考える

おひとりさまの自炊で困ることのひとつ。"材料を余らせてムダにしてしまうこと"。そこで、「何をどのくらい食べたらいいのか」から、量を割り出します。外食の日もあったりするので、月～金曜日の5日間を1週間分と考えるといいですね。

肉や魚・卵・大豆製品のたんぱく質は1食100gが目安。野菜は2倍の200g。これにごはん茶碗約1杯150gを加え献立を立てます。これで栄養のバランスはばっちり。これをもとに、材料を使い回す献立を考えます。

献立が決まったら、さあ、買い出しです。左の写真は1週間の主な食材。「少ない！」と感じませんか？大丈夫。材料をムダにしてしまうのは、買い過ぎているケースがほとんど。これに朝食の卵や乳製品、フルーツなどをプラス。野菜は少量パックがおすすめですが、玉ねぎやいも類などの日持ちする根菜は4、5個入りのものを買って、3週間で食べ切るようにしましょう。

ざるに米を入れ、水を貯めたボウルにつけて軽く洗い。水は3回かえればOK

炊きあがったら、一食分ずつ密閉容器に入れて冷凍保存

おひとりさまのムダなしテクニック

買い物から帰ったら、生の肉や魚は冷凍し、量が多い野菜はゆでて密閉容器に入れて冷蔵。おかずが余ってしまったら、冷凍。休日のブランチや弁当のおかずに利用すると、ムダを省けます。

また、野菜が余ってしまったら、まとめて冷蔵しておき、かき揚げにしたり、汁物、カレーに入れて使い切るのがおすすめ。おひとりさまならではの「量」と「気兼ねなさ」なのです。

ごはんはまとめて炊いて、茶碗1杯分ずつ冷凍。食べるときに電子レンジで加熱を。雑穀米や玄米などのごはんも、お好みで。

調味料や油は、基本のものを用意すればOK。小さなサイズを使い切ると割り切って。

月～金曜日の材料と献立例

肉・魚介類など

野菜・果物など

＋プラス 朝食
卵、牛乳、パン、予備の野菜など

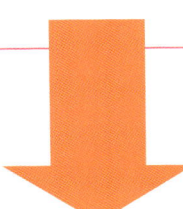

金曜日
マグロの漬物タルタル／大根の千枚漬け／具だくさん汁／ごはん

木曜日
スパゲティ・トマトソース／カツレツ・ミラネーゼ／フルーツ＆バニラアイスクリーム

水曜日
麻婆豆腐／里芋とトマトの酸辣湯／ごはん／ヨーグルト

火曜日
ローストチキン／白菜のグラタン／からつゆ／ごはん

月曜日
タイ茶漬け／白菜のフルーツサラダ／もずくのみそ汁

1週間レシピ 月曜日 夕食1

Total 619kcal／塩分4.1g

買い物メモ

- タイ(刺身用)…1パック(100g)
- ねぎとろ用マグロ…1パック(100g)
- 鶏もも肉(皮つき)…150g
- 豚ひき肉…50g
- 豚ヒレ肉…100g
- 木綿豆腐…1パック(200g)
- 白菜…1/8株(400g)
- 大根(葉つき)…270g
- 玉ねぎ…1個
- 小ねぎ…1束
- 里芋…2個
- プチトマト…200g
- パセリ…1束
- もずく…50g
- キウイ…1個
- りんご…1個
- ヨーグルト…1個
- バニラアイスクリーム…1個

刺身のつまも捨てずに活用。みそ汁の具として使えます。

お刺身のパックについている大根のつま、どうしていますか？せっかくのお野菜、捨てるのはもったいない。洗ってみそ汁に。さっと煮るだけで火が通ります。1人分の量としてもぴったり。その日のうちにムダなく使い切る。これが、おひとりさまごはんの基本です。

もずくのみそ汁
21kcal／塩分1.4g

材料
- 水…150ml
- 液状みそ…小さじ2
- もずく(調味ずみ)…1パック(50g)
- タイの刺身の添え野菜(青じそ、大根のつま)…各適量

作り方
1. 鍋に水を注ぎ、液状みそを加えて、火にかける。沸騰したら、大根のつまを加えて、ひと煮する。
2. 椀にもずくと大根を入れ、みそ汁を注ぐ。青じそをちぎってのせる。

白菜のフルーツサラダ
146kcal／塩分0.2g

材料
- 白菜(葉の部分)…100g
- キウイ…1/2個
- りんご(紅玉)…1/8個
- マヨネーズ…大さじ1

作り方
1. 白菜はポリ袋に入れ、口は閉じずに折り返し、電子レンジ600Wで1分30秒加熱して冷ます。1cm幅、5cm長さの短冊切りにする。
2. りんごは芯を除いてイチョウ切りに、キウイは皮をとって縦長に2等分し、それぞれを2cm長さに切る。
3. ボウルに❷と軽く水気を絞った白菜、マヨネーズを加えてあえる。

タイ茶漬け
452kcal／塩分3.2g

材料
- ごはん(温かいもの)…茶わん1杯(150g)
- タイ(刺身用)…1パック(100g)
- A しょうゆ…大さじ1
  砂糖…小さじ1
  練りわさび…小さじ2
- 熱いお茶…適量
- すりごま(白)…少量
- のり…全形1/4枚

作り方
1. 器に❹を合わせ、刺身を入れてからめ、すりごまをふる。
2. 茶わんにごはんをよそう。
3. ❶は器にのせ、のりを4等分して重ねておく。
4. 食べるときに、ごはんに❸をちぎってのせ、熱い茶を注ぐ。

1週間レシピ 火曜日 夕食1

Total 692kcal／塩分4.1g

チューブ入りの練りわさびやおろしにんにくなどを活用

わさびやにんにく、しょうがは、料理に風味をプラスしてくれる強い味方。おひとりさまごはんなら、チューブ入りの練りわさびやおろしにんにくなどに注目。例えば、具をまったく入れないかけつゆに、練りわさびを少し加えるだけでおいしさがアップです。

からつゆ
20kcal／塩分1.4g

材料
- 水…150ml
- 液状みそ…小さじ2
- 小ねぎ(小口切り)…多めに
- 練りわさび…少量

作り方
1. 耐熱容器に水と液状みそを入れ、ラップをかけずに電子レンジ600Wで2分加熱する。器の底に練りわさびを少し落とし、小ねぎを加え、❶を注ぐ。

ごはん
252kcal／塩分0.0g

- ごはん…茶わん1杯(150g)

白菜のグラタン
136kcal／塩分1.0g

材料
- 白菜(葉)…200g
- 牛乳…50ml
- 帆立だしの素、またはチキンスープの素(顆粒)…小さじ1/4
- カテージチーズ…50g
- パルメザンチーズ(粉)…小さじ2

作り方
1. 白菜はポリ袋に入れ、電子レンジ600Wで3分加熱する。取り出して、1.5～2cm幅7～8cm長さに切る。
2. バターをぬったグラタン皿に❶を並べ、牛乳をかけ、帆立だしの素をかけ、カテージチーズをのせ、パルメザンチーズをふる。
3. オーブントースターの強で、こんがり色づくまで8～10分焼く。

ローストチキン
284kcal／塩分1.7g

材料
- 鶏もも肉(皮つき)…1/2枚(150g)
- 塩…小さじ1/4
- こしょう…少量
- サラダ油…小さじ1
- 小ねぎ…3/4束(75g)

作り方
1. 鶏肉は、火の通りをよくするために皮を包丁の先でついて穴を3か所ついて、塩、こしょうをすりこむ。
2. フライパンを温め、サラダ油を流し、鶏肉の皮を下にしておき、ふたをして中火で4分焼く。
3. 鶏肉の脂もとけ出て、皮に焼き色がついたら裏返し、ふたをもどしてさらに中火で4分焼く。竹串を刺してみて、澄んだ肉汁が出れば火が通った証拠。
4. 小ねぎはからつゆ用の小口切りを用意し、あとは4cm長さに切り、フライパンに残っている油で強火で炒め、塩、こしょうする。鶏肉は5枚のそぎ切りにして、器に盛り、ねぎを添える。

1週間レシピ 夕食1 水曜日

Total 680kcal／塩分3.2g

味のバリエーションを広げるプラスαの調味料

みそやしょうゆなど基本調味料以外に、オイスターソース、ラー油、ナンプラーなどを用意。オイスターソースは炒め物や煮物に使うとコクとうま味をプラス。ラー油はギョーザだけでなく、和え物や煮物の辛味として使うとよいでしょう。ナンプラーはサラダやスープに加えると、エスニック風味に。

ごはん
252kcal／塩分0.0g

ごはん…茶わん1杯(150g)

ヨーグルト
77kcal／塩分0.0g

ヨーグルト(加糖)…1個(80g)

里芋とトマトの酸辣湯（さんらーたん）
74kcal／塩分1.4g

材 料
里芋…1個
プチトマト…5個
水…150ml
チキンスープの素(顆粒)
　…小さじ1/4
酢…小さじ2
しょうゆ…小さじ1
ラー油…少量
A ┌ かたくり粉…小さじ1
　└ 水…小さじ2
小ねぎ…1本(2cm長さ切り)

作り方
1 里芋は皮をむき、1cm幅のイチョウ切りにする。鍋に入れ、水と、チキンスープの素を加え、やわらかくなるまで煮る。
2 へたをとったプチトマトを加え、酢、しょうゆ、ラー油で調味し、煮立ったら🅐の水どきかたくり粉を加え、とろみがついたら、小ねぎを加えて火をとめる。

麻婆豆腐
277kcal／塩分1.8g

材 料
木綿豆腐…小1パック(200g)
豚ひき肉…50g
A ┌ 小ねぎ…1本(小口切り)
　│ しょうが(おろしたもの)
　│ 　…小さじ1/2
　│ にんにく(おろしたもの)
　│ 　…小さじ1/2
　│ しょうゆ…大さじ1
　│ 砂糖…大さじ1
　│ ごま油…小さじ1/2
　│ ラー油…小さじ1/4
　└ かたくり粉…小さじ2
熱湯…100ml

作り方
1 豆腐は3cm角に切る。
2 耐熱ボウルに🅐を入れて、熱湯を注ぎ、とろみがつくまで混ぜる。豚ひき肉を加えて、ほぐす。
3 豆腐を加え、両端を少しあけてラップをかけ、電子レンジ600Wで6分加熱。とり出して混ぜて、器に盛る。

1週間レシピ 夕食1 木曜日

Total 960kcal／塩分3.1g

余りがちなパセリは刻んで冷凍保存

少量使いが多いパセリは、余りがちな野菜の代表格。とにかくみじん切りにして冷凍保存です。パスタや揚げ物などに散らすと、パセリのさわやかな香りが楽しめます。または、30ページのカニめしのように、ゆでてごはんに混ぜて使い切るのもひとつの方法です。

フルーツ&バニラアイスクリーム

263kcal／塩分0.1g

材料
りんご(紅玉)…7/8個
砂糖…大さじ2
水…大さじ1
キウイ…1/2個
バニラアイスクリーム…小1個(50g)

作り方
1 りんごは7等分のくし形に切って芯を除き、皮は色が美しければつけて、でなければ除きイチョウ切りにして、耐熱ボウルに入れ、砂糖と水を加え、ふんわりラップをする。電子レンジ600Wで3分加熱する。
2 キウイは皮をむいて1cm角に切る。
3 器に❶をのせ、バニラアイスクリームをのせ、❷を添える。

スパゲティ・トマトソース

409kcal／塩分2.0g

材料
スパゲティ…70g
プチトマト…1パック(150g)
　(へたをとる)
にんにく(おろしたもの)
　…小さじ1/4
玉ねぎ(みじん切り)…1/2個分(100g)
パセリ(みじん切り)…2本分
オリーブ油…小さじ1
塩…小さじ1/4
こしょう…少量
A［トマトケチャップ…大さじ1
　　こしょう…少量

作り方
1 熱湯1ℓを沸かし、塩小さじ1(分量外)を加え、スパゲティを入れ、表示時間通りにゆでる。
2 耐熱ボウルに玉ねぎとパセリ、にんにく、オリーブ油を入れて混ぜ、両端を少しあけてラップをして、電子レンジ600Wで4分加熱する。
3 ❷にプチトマトと🅐を加え、電子レンジ600Wで2分加熱し、湯をきったスパゲティを加え混ぜる。

カツレツ・ミラネーゼ

288kcal／塩分1.0g

材料
豚ヒレ肉…100g
塩、こしょう…各少量
天ぷら粉・とき卵・パン粉
　…各適量
オリーブ油…小さじ2
パルメザンチーズ(粉)…大さじ1
パセリ…適量

作り方
1 豚ヒレ肉は3等分して、それぞれを7mm厚さに切り開く。めん棒やびんなどで叩いて薄くのばし、塩、こしょうをふる。天ぷら粉をまぶし、水で割ったとき卵にくぐらせ、パン粉をつける。
2 フライパンにオリーブ油を熱し、❶の肉を並べ入れ、中火で2分焼いて裏返し、中火で焼いて火を通す。
3 ❷をアルミホイルにのせ、パルメザンチーズをかけ、オーブントースターで2〜3分焼く。器に盛り、パセリのみじん切り、あればくし形切りのレモンを添える。

金曜日 夕食1

1週間レシピ

Total 554kcal／塩分3.8g

塩漬けのプロセスで漬物の水分は減っています。冷凍しても味が変わらないすぐれもの

漬物を買っても、同じものが続くと漬物の飽きてしまうことも。そのときは、冷凍がおすすめ。漬物は水分が抜けているので、冷凍してもガチガチには凍りません。あらかじめ刻んで一つ容器にまとめておくと、食べたい量だけとり出せるのです。

具だくさん汁
101kcal／塩分1.4g

材料
- 白菜…50g
- 玉ねぎ…100g
- 里芋…1個
- 大根…20g
- 大根葉…50g
- 小ねぎ…1本
- 水…200cc
- 液状みそ…小さじ2

作り方
1. 大根葉と小ねぎは小口切りにする。その他の野菜は食べよい大きさに切る。
2. 鍋に里芋、大根を入れて、水を注いで火にかける。
3. 里芋に火が通ったら、白菜、玉ねぎ、大根葉を加えてひと煮する。
4. みそを加え、小ねぎを加えて火をとめる。

ごはん
252kcal／塩分0.0g

ごはん…茶わん1杯(150g)

大根の千枚漬け
19kcal／塩分0.6g

材料　作りやすい分量(1人分×4)
- 大根…200g
- 塩…小さじ1(6g)
- 水…大さじ1
- A
  - 砂糖…大さじ2
  - 酢…大さじ2
  - 昆布…1×4cmのもの1枚
  - 赤唐辛子…1/2本

作り方
1. 大根は1〜2mm厚さの輪切りにする。
2. ポリ袋に塩と水を入れ、袋の外からもんで塩をとかし、大根を加え、空気を抜いて口をきつくしばり、5分おく。
3. 大根がしんなりしたら、袋の口を開いて塩水を捨て、Aを加え、袋の外からもんで砂糖をとかす。袋の口を閉じて5分おく。

※その日に食べない分は、ポリ袋に入れて冷蔵する。

マグロの漬物タルタル
182kcal／塩分1.8g

材料
- ねぎとろ用マグロ(冷凍)…100g
- 漬物(好みのもの)…50g
- にんにく(おろしたもの)…小さじ1/4
- 小ねぎ(ねぎとろに添付のもの・小口切り)…適量
- しょうゆ…小さじ1/2
- オリーブ油…小さじ1〜2

作り方
1. マグロは、解凍する。
2. 漬物は、粗めに刻んで軽く絞る。
3. 器に❶❷とにんにく、小ねぎを入れ、オリーブ油としょうゆを加えて混ぜる。

1週間レシピ 月曜日 夕食2

Total 646kcal／塩分4.0g

買い物メモ

- アジ（刺身用）…1パック(100g)
- カレイ（子持ち）…1切れ(150g)
- 鶏もも肉（皮つき）…1枚(300g)
- カニ缶…1缶(110g)
- ちくわ…3本
- ミニがんも…3個
- 木綿豆腐…1パック(200g)
- にんじん…小1本
- もやし…1パック(250g)
- 貝割れ菜…1パック(50g)
- じゃがいも…3個
- 小ねぎ…1束
- トマト…小1個
- 大根…300g
- れんこん…150g
- キャベツ…300g
- 三つ葉…1束
- パセリ…1束
- なめこ…小1缶
- カットわかめ（乾）…2パック

1食で刺身を使い回し。これぞ、おひとりさまレシピ

鮮度が命の刺身は、初日の献立に。例えば、1パック100gのアジの刺身なら、ムニエル、ぬたあえ、潮汁。1食メニューで使い切ることができます。1食で刺身でムニエル、潮汁を作る贅沢さ！これぞ、おひとりさまレシピの真骨頂です。

アジと豆腐の潮汁

81kcal／塩分1.8g

材料

- アジ（刺身用）…20g
- 刺身のつまの大根…適量
- 塩…少量
- 木綿豆腐※…小1/4パック(50g)
- 小ねぎ…1本
- 水…150ml
- A
  - 和風だしの素（顆粒）…小さじ1/4
  - しょうゆ…小さじ1
  - 酒…小さじ1
  - 塩…少量

※豆腐は残ったら、ふたつき容器で冷凍。（P.82参照）

作り方

1. アジは塩をふり、豆腐は1cm厚さの長方形に切る。万能ねぎは、小口切りにする。
2. 鍋に水と豆腐を入れ、火にかける。豆腐がユラユラと浮いてきたら、刺身とつま大根を加え、❹を加えて調味する。
3. 小ねぎを加えて、火を止める。

ごはん

252kcal／塩分0.0g

- ごはん…茶わん1杯(150g)

アジと大根のぬたあえ

45kcal／塩分1.2g

材料

- 大根…70g
- アジ（刺身用）…10g
- 塩…少量
- 辛子酢みそ（市販）※…1パック(12g)
- 青じそ（刺身についているもの）…1枚

※市販品がプレーンな酢みそのときは、チューブのとき辛子を加えるとよい。

作り方

1. 大根は4cm長さ5cm幅の短冊切り。塩少量をふってしんなりしたら、水洗いして絞る。
2. アジは、細切りにする。
3. ❶❷を辛子酢みそであえて、器に盛り、みじん切りにした青じそをふる。

アジのムニエル

268kcal／塩分1.0g

材料

- アジ（刺身用）…70g
- 塩、こしょう…各少量
- 天ぷら粉…小さじ1
- サラダ油…小さじ1
- バター…小さじ1
- じゃがいも…1個(100g)
- 塩…少量
- レモン（くし形切り）…1切れ

作り方

1. じゃがいもは皮をむき、十文字に4等分に切り、耐熱ボウルに入れ、水大さじ2（分量外）をふり、両端を少しあけてラップをかける。電子レンジ600Wで2分30秒加熱し、竹串がスーと通ったら湯を捨て、塩をふり、ラップをかけずに、電子レンジ600Wで1分加熱すると、粉ふきいもになる。
2. 塩、こしょう、天ぷら粉を入れたポリ袋にアジを入れ、口をとじてふる。
3. フライパンを温め、サラダ油とバターを流し、❷を並べて中火強で両面こんがりと焼き色をつけて火を通す。
4. 器に❸を盛り、❶を添える。

1週間レシピ
火曜日 夕食2

Total 665kcal／塩分4.3g

ムラカミ流かつお昆布だしは電子レンジで楽々

1人分のだしをとるのは、ムラカミ流かつお昆布だしなら、とっても簡単。
耐熱容器に水170mlに3cm角の昆布と削りがつお小1/2パックを加えて、電子レンジ600Wで1分30秒加熱。茶こしでこせば1人分の一番だしができます。

キャベツのみそ汁
39kcal／塩分1.3g

材料
水…150ml
液状みそ…小さじ2〜3
キャベツ…100g

作り方
1 キャベツは2cm幅4cm長さの短冊切りにする。
2 耐熱容器に❶を入れ、水を注ぎ、みそを加える。
3 電子レンジ600Wで3分加熱する。

ごはん
252kcal／塩分0.0g

ごはん…茶わん1杯(150g)

もやしと小ねぎのポン酢炒め
188kcal／塩分1.0g

材料
もやし…1パック(250g)
小ねぎ…1/2束(50g)
サラダ油…小さじ2
ポン酢しょうゆ(市販)…大さじ1

作り方
1 もやしは水の中でぐるぐる回しながら洗い、ひげ根や豆殻を落とし、ざるへあげる。小ねぎは4cm長さに切る。
2 フライパンを温め、サラダ油を流し、もやしを強火で炒める。
3 小ねぎを加え、ポン酢しょうゆをまわしかけてひと混ぜして、火を止める。

カレイの煮つけ
186kcal／塩分2.0g

材料
カレイ(子持ち)…1切れ(150g)
A [しょうゆ…大さじ1
    砂糖…大さじ1
    酒…大さじ1]
カットわかめ(乾)…小1/2パック(2g)
貝割れ菜…1パック(50g)

作り方
1 わかめは器にあけ、水大さじ2(分量外)を加えて2分おいて戻し、塩気の出ている水をきる。
2 耐熱ボウルに❹を合わせて混ぜ、砂糖をとかす。皮にハジケ防止の切り目を入れたカレイを加え、たれをスプーンですくってかける。
3 両端を少しあけてラップをして、電子レンジ600Wで3分加熱する。根元を切った貝割れ菜と❶のわかめを煮汁に加え、ラップをもどして余熱で火を通す。器にカレイを盛り、わかめと貝割れ菜を添えて、煮汁をかける。

水曜日 夕食2

1週間レシピ

Total 695kcal／塩分5.2g

発泡スチロール箱で保温すれば長時間煮込んだおいしさ

おでんやポトフなどはじっくり煮込んで作ります。でも、おひとりさまは鍋を火にかけたまま外出できません。

そこで、発泡スチロール箱の登場です。生の具材と汁を入れた鍋を沸騰後2分加熱して、タオルを敷いた発泡スチロール箱に入れるだけ。中心温度が85度の状態を1時間以上持続すれば、弱火で煮たと同じ条件になり、煮くずれることなく、味もしみます。

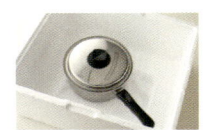

おでん
414kcal／塩分3.9g

材料
- A
  - 水…500ml
  - 帆立だしの素(顆粒)…小さじ1
  - みりん…大さじ2
  - うす口しょうゆ…大さじ2
- 大根…100g
- にんじん…小1/2本(50g)
- じゃがいも…1個(100g)
- キャベツ…100g
- ミニがんも…3個
- ちくわ(細)…3本
- カットわかめ…小1パック(4g)
- とき辛子(市販)…適量

作り方
1. 大根は、皮をむいて2等分する。じゃがいもは、皮をむく。
2. キャベツはポリ袋に入れ、電子レンジ600Wで2分加熱。水にとって2つにわけ、両端を内側に折って手前よりくるくると巻く。
3. 鍋に❹を入れて、❶❷、にんじん、ミニがんも、ちくわを加えて、火にかける。煮立ったらアクを引き、ふたをして2分間中火でぐらぐら加熱し、火を止める。
4. 発泡スチロール箱にタオルを敷いて鍋を置き、ふたをして1時間以上保温する。冷めていれば、いただくときに温める。
5. 戻したわかめの水気をきって加える。皿に盛り、とき辛子を添える。

※大根などがかたいときは、耐熱ボウルに移し、両端を少しあけてラップ。電子レンジ600Wで3分加熱するとよい。

なめこと三つ葉のみそ汁
27kcal／塩分1.3g

材料
- なめこ…小1缶(85g)
- 三つ葉…3～4本
- 水…150ml
- 液状みそ…小さじ2

作り方
1. 耐熱容器になめこを入れ、水を注ぎ、みそを加え、ラップはかけずに電子レンジ600Wで3分加熱する。
2. 三つ葉は2cm長さに切って、とり出した❹に加え、余熱で火を通す。

茶飯
254kcal／塩分0.0g

材料
- ごはん(温かいもの)…茶わん1杯(150g)
- 茶(粉末)…小さじ1/2

作り方
ごはんが冷めていたら電子レンジで温め、粉茶をかけて混ぜる。

1週間レシピ 木曜日 夕食2

Total 777kcal／塩分3.4g

照り焼きチキンを電子レンジで作ると脂肪分30％オフ！

ごはんによく合う照り焼きチキン。フライパンで作るときは、鶏肉を油でソテーしますが、電子レンジの場合は調味料をからめて加熱するだけ。とり出して皮を上にして2～3分おくと、熱でとけた脂がたれと分離。脂を除くと約30％分カロリーオフに。

きんぴられんこん
126kcal／塩分1.1g

材料
れんこん…100g
サクラエビ…大さじ1
A ┌ 赤唐辛子(輪切り)…2個
　├ 砂糖…小さじ1
　├ しょうゆ…小さじ1
　└ ごま油…小さじ1

作り方
1 れんこんは乱切りにし、水に放してアク抜きし、ざるへ上げる。
2 耐熱ボウルにAを入れ、❶とサクラエビを加えて、両端を少しあけてラップをする。
3 電子レンジ600Wで2分加熱。とり出して混ぜる。

ごはん
248kcal／塩分0.0g

ごはん(玄米)…茶わん1杯(150g)

キャベツのサラダ
114kcal／塩分0.4g

材料
キャベツ…100g
トマト…小1個(100g)
三つ葉…4本
A ┌ フレンチドレッシング(市販)
　│　…大さじ1
　├ にんにく(おろしたもの)
　│　…小さじ1/4
　└ マヨネーズ…小さじ1

作り方
1 キャベツはポリ袋に入れて、電子レンジ600Wで2分加熱。ポリ袋に水を注いで冷まし、3cm角に切る。
2 トマトはへたをとり、8個のくし形切りにし、それぞれを2つに切る。
3 ボウルにAを入れ、❶❷を加えてあえて器に盛り、小口切りにした三つ葉をふりかける。

照り焼きチキン
289kcal／塩分1.9g

材料
鶏もも肉(皮つき)…1/2枚(150g)
A ┌ しょうゆ…大さじ1
　├ 砂糖…大さじ1
　└ かたくり粉…小さじ1/2
しょうが(おろしたもの)
　…小さじ1/2
ごま油…小さじ1/2

作り方
1 鶏肉は、破裂防止のために包丁の先で皮に3～4か所切り目を入れる。
2 耐熱ボウルにAを入れて、混ぜ、❶の鶏肉を加えてからめ、皮を下にしておく。
3 両端を少しあけてラップをする。電子レンジ600Wで3分加熱する。
4 とり出して、皮を上にして粗熱を取り、とけた脂はボウルを傾けて除く。食べやすい大きさに切って器に盛り、たれをかける。

1週間レシピ 夕食2 金曜日

Total 713kcal／塩分4.3g

金曜日は野菜一掃デー。
余った野菜を使い切ります

ウイークデー最後の金曜日は、冷蔵庫の在庫整理を！
根菜類は具だくさんの汁物に、香味野菜は刻んで混ぜごはんに加えて、すっからかんに食べつくして。
さあ、次の1週間に向けて準備完了！

だし巻き卵

236kcal／塩分1.9g

材料
- 卵…2個
- 砂糖…大さじ1
- しょうゆ…小さじ1/3
- A
  - 水…大さじ2
  - 和風だしの素(顆粒)…小さじ1/4
  - 塩…2本の指で3つまみ
- 大根…100g
- しょうゆ、サラダ油…各適量

作り方
1. ❹を合わせ、卵をときほぐして加えて混ぜる。
2. フライパンにサラダ油を多めに流して温め、ボウルにあける。丸めたティッシュペーパーをボウルに入れて、油をしみこませる。
3. フライパンに油をひき、卵液を玉じゃくし1杯分入れる。菜箸でふくらみをつぶしながら焼き、8割ほど火が通ったところで、手前にたたむ。
4. あいたところに油をひき、卵をずらし、手前にも油をひいたら、玉じゃくし1杯の卵液を流し入れる。焼けた卵をもち上げて卵液を下側に流し入れる。手前の卵液が半熟状になったら、はし1本は卵液につきさし、もう1本は上側を支えるようにはさみ、手前にたたむ。
5. 卵液がなくなるまで❹をくり返し、まな板にとり、切り分ける。大根をおろして添える。

カニめし

319kcal／塩分0.9g

材料
- ごはん(温かいもの)…茶わん1杯(150g)
- カニ缶…小缶1(55g)
- パセリや三つ葉(余っているもの全量)…70g
- 実山椒の佃煮…小さじ1/2

作り方
1. パセリと三つ葉はポリ袋に入れ、電子レンジ600Wで1分加熱する。ポリ袋に水を注いで冷まし、絞ってみじん切りにする。
2. 温かいごはんに❶とカニ缶と実山椒の佃煮を加えて混ぜる。

具だくさんみそ汁

158kcal／塩分1.5g

材料
- 余っている野菜全部(大根30g れんこん50g にんじん小1/2本 じゃがいも1個など)
- 水…200ml
- 液状みそ…小さじ2
- 小ねぎ…35g(2cm長さに切る)

作り方
1. 野菜は5mm厚みのイチョウ切りにして、鍋に入れて、水を注ぐ。
2. 火にかけて、大根がやわらかくなったら、液みそと小ねぎを加えてひと煮して火を止める。

1週間レシピ 月曜日 夕食3

Total 548kcal／塩分5.0g

買い物メモ

- アジ(刺身用)…1パック(100g)
- 鶏ムネ肉(皮なし)…100g
- 豚肩ロース肉…100g
- 冷凍エビ…3尾
- ベーコン(ハーフカット)…1パック
- 木綿豆腐…1パック(200g)
- ちりめんじゃこ…小さじ2
- ほうれん草…1束
- 大根(葉つき)…350g
- にんじん…小1本
- トマト…2個
- きゅうり…1本
- なす…3本
- 青じそ…7枚
- みょうが…3個
- キャベツ…100g
- オクラ…4本
- 絹さや…1パック
- 長ねぎ…1本
- 小ねぎ…1束
- 香菜…1束

生鮮食料品はパックごと重ね合わせて保存します

パック入りの肉や魚は、ラップ同士を重ねて冷蔵庫や冷凍庫で保存。こうすることで空気の出入りをシャットアウトし、鮮度を保ちます。残りの肉や魚は、ラップで包み、ファスナーつきのポリ袋に入れて、即フリージング。

アジとにんじんの潮汁

70kcal／塩分1.4g

材料

- アジ(刺身用)…30g
- にんじん…小1/2本(50g)
- 長ねぎ…5cm
- 水…150ml
- A ┌ 和風だしの素(顆粒)…小さじ1/4
  └ しょうゆ…小さじ1
- 酒…小さじ1

作り方

1. にんじんは、5〜6cm長さのせん切りにする。長ねぎは2等分し、切り目を入れて平らに開いて、細切りにする。
2. 鍋ににんじんを入れ、水を注いで火にかけ、にんじんが少しかたいぐらいに火を通し、❹と刺身を加え、ひと煮して火を止める。
3. 椀に盛り、長ねぎをのせる。

みょうがとほうれん草のかわりごまあえ

98kcal／塩分1.2g

材料

- ほうれん草…100g
- みょうが…1個
- 青じそ…4枚
- A ┌ フレンチドレッシング(市販)…小さじ2
  │ しょうゆ…小さじ1
  │ 砂糖…小さじ1
  └ いりごま(白)…小さじ1

作り方

1. ほうれん草はポリ袋に入れて、電子レンジ600Wで1分30秒加熱し、ポリ袋に水を注いで冷まして絞り、アクを除き、端から刻む。
2. みょうがと青じそは、みじん切りにする。
3. ❹を合わせて、❶❷をあえる。

アジずし

380kcal／塩分2.4g

材料

- ごはん(温かいもの)…茶わん1杯(150g)
- アジ(刺身用)…70g
- 塩…小さじ1/5
- A ┌ 砂糖…小さじ2
  └ 酢…大さじ1
- みょうが…1個
- 青じそ…1枚
- しょうが(せん切り)…4枚
- きゅうり…1本
- 塩…小さじ1/5

作り方

1. みょうがは3cm長さのせん切りにして水に放し、ざるへあげる。青じそは5mm角に切る。しょうがはせん切りにする。
2. きゅうりは小口切りにし、塩をふり、しんなりしたら、水洗いして絞る。
3. アジの刺身に塩をふり、10分おき、❹を合わせて浸し、2〜3分おく。
4. 温かいごはんに、アジを浸した酢と❶のしょうが、❷のきゅうりを加えて混ぜ、器に盛る。
5. 上にアジをのせ、青じそとみょうがを散らす。

火曜日 夕食3

1週間レシピ

Total 694kcal／塩分4.3g

「ジップロック」®コンテナーのW使いで、ふんわり蒸し物

「ジップロック」®コンテナー角大に水を1cm深さ注ぐ。鶏肉を入れたコンテナー角小をなかに落とし込み、大きいほうのふたをおいて電子レンジで加熱。蒸気がほどよくまわり、ふっくらと蒸しあがります。肉まん、しゅうまい、ぎょうざなどもこれでおひとりさま用のセイロです。

蒸し鶏

208kcal／塩分1.2g

材料

鶏胸肉（皮なし）…100g
塩…少量
酒…大さじ1
長ねぎ…10cm
しょうが（皮つき・薄切り）…4枚
A ┌ 水…大さじ2
　│ 帆立だしの素、またはチキンスープの素（顆粒）
　│ 　…小さじ1/4
　│ ナンプラー、またはしょうゆ
　│ 　…小さじ1
　│ 砂糖…小さじ1/4
　└ ごま油…大さじ1
小ねぎ*…2本
香菜…少量

作り方

1 鶏肉はペーパータオルにはさんで水気をとり、塩をふる。「ジップロック」®角小に長ねぎを2つに切っておき、その上に鶏肉、しょうがをのせ、酒をかける。
2 「ジップロック」®コンテナー角大に水を1cm深さ入れて、❶を入れ、角大のふたをのせ、電子レンジ600Wで3分加熱。鶏肉は取り出して、長ねぎ、しょうがを取り除く。めん棒で叩いて指で大きく裂く。
3 小ねぎを斜め切りにしあて器にのせ、❷をのせる。鍋にAを入れて煮立て、上から注ぎ、香菜をのせる。

※残った小ねぎは、1/3量は小口切りにする。残りは、3cm長さに切って冷凍保存。小口切りは、つゆやめんの薬味に。3cm切りは、炒めものに。いずれも、凍ったまま調理する。保存の目安は1か月。

麻婆スープ

209kcal／塩分1.5g

材料

トマト…小2個（200g）
長ねぎ…10cm（20g）
木綿豆腐…小1/2パック（100g）
A ┌ ごま油…小さじ1
　│ にんにく（おろしたもの）
　│ 　…小さじ1/2
　│ しょうが（おろしたもの）
　│ 　…小さじ1/2
　│ ラー油…小さじ1/2
　│ みそ…小さじ1/4
　│ しょうゆ…小さじ1
　│ 酒…小さじ1
　└ 砂糖…小さじ1
B ┌ かたくり粉…小さじ1
　└ 水…小さじ2
水…150ml

作り方

1 トマトはへたをとって乱切りに、長ねぎはみじん切りにする。豆腐は2cm角に切る。
2 耐熱ボウルにAを入れて、水を注ぎ、❶を加える。両端を少しあけてラップをして、電子レンジ600Wで7分加熱する。
3 Bの水どきかたくり粉を加えてとろみをつける。

なす漬け

25kcal／塩分1.6g

材料

なす…1個（100g）
塩…小さじ1/5
しょうゆ…少量

作り方

1 なすは5mm幅の輪切りにし、ポリ袋に入れる。塩を加えて袋をふくらませて、口をねじってふって、全体に塩をまぶす。
2 空気を抜いて、キュッと口をしばる。
3 2〜3分おいて、袋の外からもんでしんなりさせ、水気を絞り、器にのせ、しょうゆをかける。

ごはん

252kcal／塩分0.0g

ごはん（赤米入り）…茶わん1杯（150g）

1週間レシピ 夕食3 水曜日

Total 892kcal／塩分4.0g

おひとりさまなら「粉」はすべて天ぷら粉

おひとりさまは、用途に合わせて薄力粉、強力粉と買いそろえるより、小麦粉は、すべて天ぷら粉に統一してはいかが。天ぷら粉にベーキングパウダーとコーンスターチなどが入っており、軽い仕上がりに。天ぷらはもちろん、かつやフライのつけ粉にケーキ（104ページ）にと活躍します。

なすと絹さやのみそ汁

60kcal／塩分1.3g

材料
水…150ml
液状みそ…小さじ2
なす…1個(100g)
絹さや…16枚(64g)

作り方
1 絹さやは筋をとる。
2 なすはへたとがくを落とし、7mm幅の輪切りにする。
3 鍋に❶❷を入れて水を注ぎ、火にかける。なすが十分やわらかくなったら、液みそを加えて火を止める。

ごはん

252kcal／塩分0.0g

ごはん…茶わん1杯(150g)

手ちぎりキャベツ

92kcal／塩分1.0g

材料
キャベツ…100g
マヨネーズ…小さじ1
しょうゆ…小さじ1
すりごま(白)…小さじ1/2

作り方
1 キャベツは手で一口大にちぎって、皿にのせる。
2 マヨネーズを絞りかけ、しょうゆをかけ、すりごまを散らす。

ペーパーカツ

488kcal／塩分1.7g

材料
豚肩ロース(とんかつ用)
　…1枚(100g)
A ［香菜(3cmざく切り)…1本分
　長ねぎ(薄切り)…1cm分
　にんにく(おろしたもの)…小さじ1/4
　しょうが(おろしたもの)…小さじ1/4］
ナンプラーまたはしょうゆ…大さじ1/2
砂糖…小さじ1
天ぷら粉…適量
卵…1個(同量の水を加えてときほぐす)
パン粉…1/2カップ
いりごま(黒)…大さじ1
揚げ油…適量
香菜※…適量

※残った香菜は、ゆでて絞ってざく切りにして、マヨネーズを添えて食べる。

作り方
1 豚肉をまな板におき、フォークでついて5～6ヵ所穴をあけ、めん棒やびんなどでたたいて、倍の大きさにのばす。
2 ❶にナンプラーと砂糖をぬり、Aをのせる。
3 天ぷら粉・水を加えたとき卵、黒ごまを混ぜたパン粉をつける。
4 180℃の油でカリッとなるまで揚げ、油をきる。食べよいサイズに切って皿に盛り、香菜を添える。

37

1週間レシピ 木曜日 夕食3

Total 605kcal／塩分5.0g

ときには野菜づくしの日にしてお腹すっきり

1食のおかずのバランスは、肉や魚などのたんぱく質食材が100g、野菜類が200gと前述しました。が、お昼が市販のお弁当だったりすると、野菜不足になりがちです。ときには野菜づくしの日をつくってみませんか？ サクラエビやベーコンで、うま味やコクをプラスすると、もの足りなさは感じません。

うずみ豆腐
94kcal／塩分1.5g

材 料
木綿豆腐…1/2パック(100g)
水…150ml
A ┌ 和風だしの素(顆粒)…小さじ1/4
  │ しょうゆ…小さじ1
  │ 酒…小さじ1
  └ 塩…少量
練りわさび(市販)…少量
ほうれん草の茎…50g

作り方
1 ほうれん草の茎はポリ袋に入れ、電子レンジ600Wで1分加熱。ポリ袋に水を注いで冷まして絞り、4cm長さに切る。
2 鍋に水を注ぎ❹を加え、豆腐を入れて火にかける。豆腐がユラユラと動き始めたら、火をとめる。
3 汁椀に豆腐を入れ、ほうれん草をおき、汁を注ぎ、練りわさびを添える。

ごはん
252kcal／塩分0.0g

ごはん…茶わん1杯(150g)

ほうれん草とベーコンのサラダ
152kcal／塩分1.3g

材 料
ほうれん草の葉…50g
ベーコン(薄切り・ハーフ)…2枚(10g)
ちりめんじゃこ…小さじ2
オリーブ油…大さじ1
A ┌ 酢…小さじ2
  │ 塩、こしょう…各少量
  └ とき辛子(市販)…小さじ1/2
レモン(くし形切り)…1個

作り方
1 ほうれん草は葉の部分を4cm長さに切る。洗って水切りし、ざるへあげる。茎は、すまし汁に使う。
2 ベーコンは1cm幅に切る。
3 フライパンにオリーブ油を流し、ベーコンを加え、弱火でカリッとするまで炒めて、ペーパータオルに取り出す。残りの油にちりめんじゃこを加え、うっすらきつね色になるまで炒め、ペーパータオルに取り出す。
4 フライパンに残った油に❹を加えて混ぜ、火をとめて、ほうれん草を加えてあえる。
5 器に盛り、ベーコンとちりめんじゃこを散らし、レモンを添える。

大根とサクラエビの煮物
107kcal／塩分2.2g

材 料
大根…200g
サクラエビ…大さじ1
A ┌ オイスターソース…大さじ1
  │ ラー油…小さじ1/4
  └ ごま油…小さじ1

作り方
1 大根は、乱切りにする。
2 耐熱ボウルに❹とサクラエビを入れ、大根を加え、小皿を落としぶた代わりにのせ、両端を少しあけてラップをする。
3 電子レンジ600Wで4分加熱し、とり出して混ぜる。

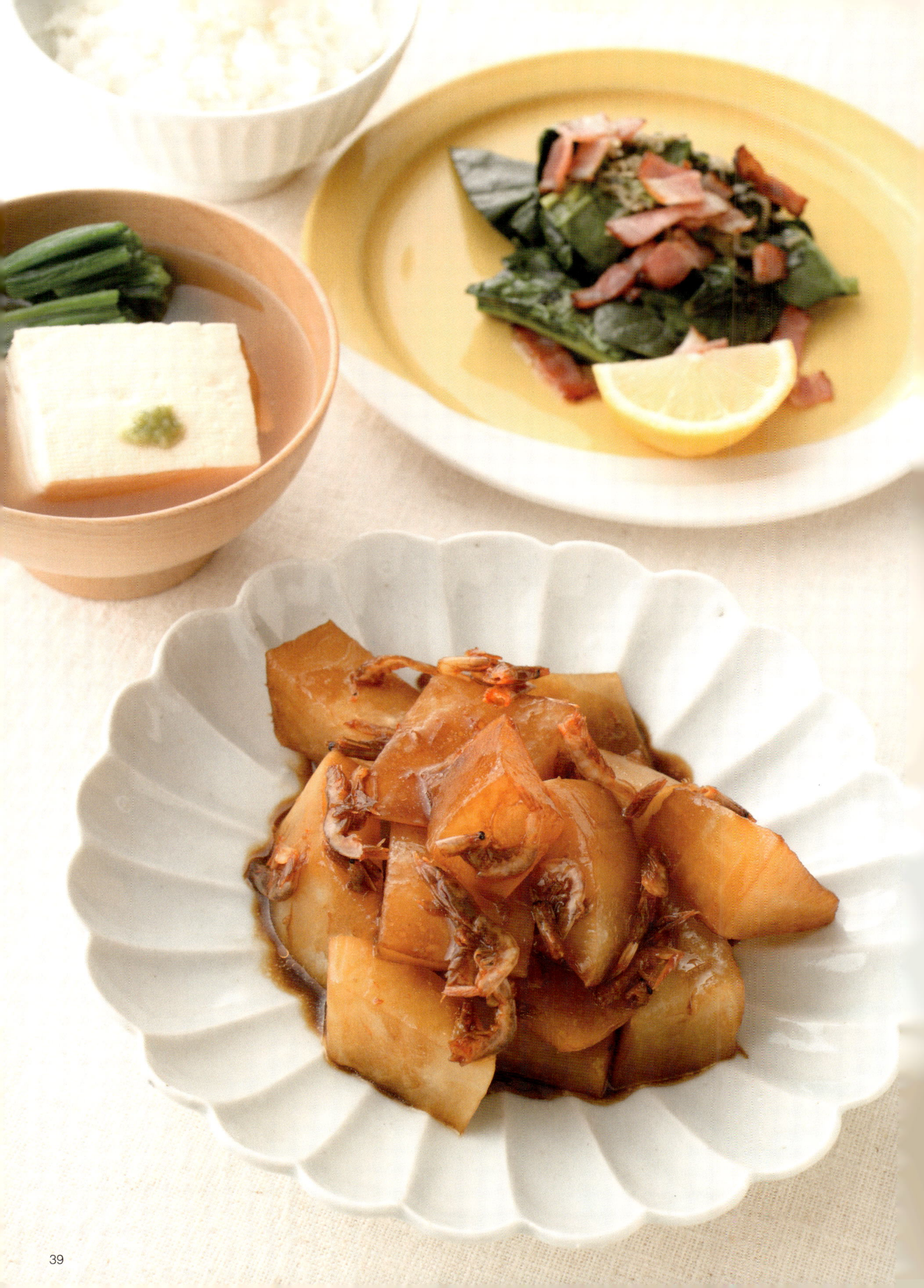

1週間レシピ 夕食3 金曜日

Total 786kcal／塩分4.4g

揚げ物をした日は、ついでにいろいろ揚げて冷凍保存

揚げ物をするときは、ついでに冷蔵庫の残り物で天ぷらやかき揚げ、フライなどを作り、冷凍保存。休日ごはんや弁当のおかずに使えて便利です。

冷凍するときは、粗熱をとり、冷凍用ふたつき容器に入れて冷凍庫へ。1か月を目安に食べ切るようにします。

揚げ油はこして炒め油に使うと、エビの香りなどが移っていておいしい。

麩のみそ汁
39kcal／塩分1.3g

材料
- 水…150ml
- 液状みそ…小さじ2
- 焼き麩…5個(5g)
- 長ねぎ…5cm

作り方
1. ボウルに水大さじ3（分量外）入れ、焼き麩を加えてもどし、絞る。長ねぎは2等分し、せん切りにする。
2. 鍋に水とみそを入れて温め、麩と長ねぎを加えてひと煮して、火を止める。

天丼
747kcal／塩分3.1g

材料
- ごはん（温かいもの）…茶わん1杯（150g）
- 冷凍エビ…3尾
- なす…1/3本
- みょうが…1本
- にんじん…1cm
- 絹さや…2枚
- オクラ…4本
- 青じそ…2枚
- 長ねぎの小口切り…2cm
- 大根…100g（おろす）
- A
  - 水…大さじ3
  - 和風だしの素（顆粒）…小さじ1/4
  - しょうゆ…大さじ1
  - 砂糖…大さじ1
- B
  - 天ぷら粉…1/4カップ（30g）
  - 冷水…50ml
- 天ぷら粉、揚げ油…各適量

作り方
1. 電子レンジにかけられる小鉢に❹を入れ、電子レンジ600Wで1分加熱し、天つゆを作る。
2. みょうがは、2つに切る。なすは、7mm幅の輪切りにする。冷凍エビは、水につけて解凍し、殻をむき、背ワタをとる。ちぢみ防止に背と腹に切り込みを×印に細かく入れて、両手で引っ張って筋切りする。にんじんは2つに切り、3mm幅に切り込みを入れる。オクラは、ガクのまわりをくるりとむきとる。
3. ボウルに冷たい水を入れ、ふるった天ぷら粉を入れて、ざっと混ぜて衣を作る。❷の野菜やエビ、青じそに別々に天ぷら粉（分量外）を軽くまぶし、衣をつける。160℃に温めた揚げ油で衣がカリッとなるまで揚げて、油をきる。
4. 温かいごはんを丼に盛り、天ぷらを天つゆにくぐらせてのせる。余った天つゆはごはんにかける。大根おろしと長ねぎを天盛りする。

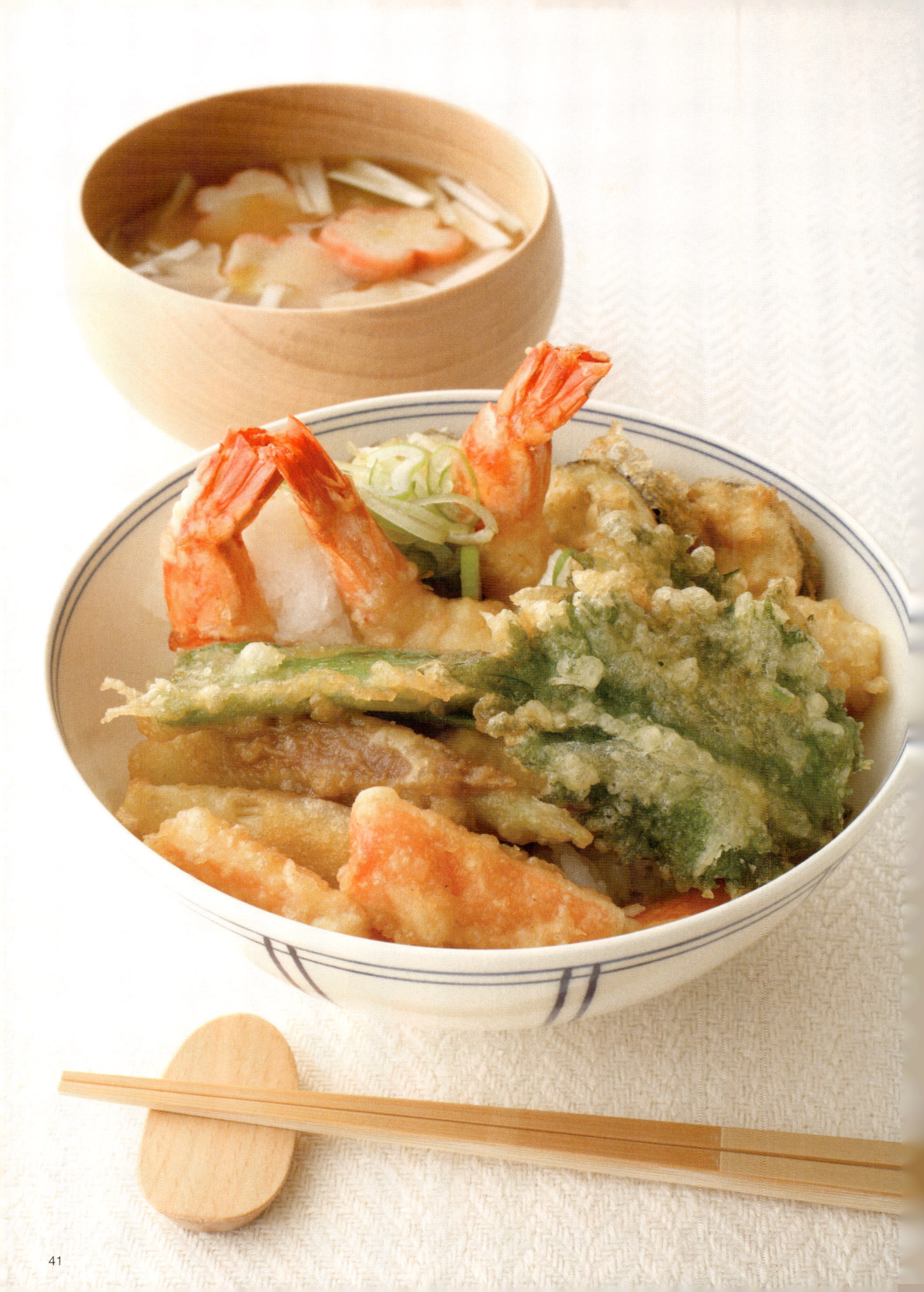

朝食バリエ1

Total 643kcal／塩分3.0g

速くておいしい朝食バリエーション。簡単朝食で1日のスタートを

朝食は1日のスタートをきるうえで大切なエネルギー源。1週間の夕食の材料に加えて、パン、卵や乳製品、野菜、果物を購入しておきます。ここでは短時間でできる朝食レシピのバリエーションを紹介します。ちなみに1日にとりたい野菜の量は、緑黄色野菜150g＋淡色野菜200gで合計350g。そのうちの1/3量を朝食でとるように心がけましょう。

キウイ
53kcal／塩分0.0g

キウイ（2つに切る）…1個

バゲット
195kcal／塩分1.1g

バゲット（3個に切る）…12cm（70g）

ミルクティ
94kcal／塩分0.1g

材料
水…100ml
ティバッグ…1個
砂糖…小さじ2
牛乳…100ml

作り方
1 カップに水を注ぎ、ティバッグを加え、電子レンジ600Wで1分30秒加熱する。
2 ティバッグをはずし、砂糖を加え、牛乳を注ぐ。

チーズとおかかのオムレツ
301kcal／塩分1.8g

材料
卵…2個
ピザ用チーズ…大さじ2
削りかつお…小1パック（3g）
塩、こしょう…各少量
バター…大さじ1
しょうゆ…少量

作り方
1 卵に塩、こしょうを加えて溶いて、削りかつおは飾り用に少々残してチーズとともに加える。
2 フライパンを温めてバターをとかし、❶を流して、箸で混ぜながら半熟状になるまで火を通し、片側に寄せ、フライパンのふちを使って形をととのえて、皿に返す。
3 削りかつおをかけ、しょうゆをかける。

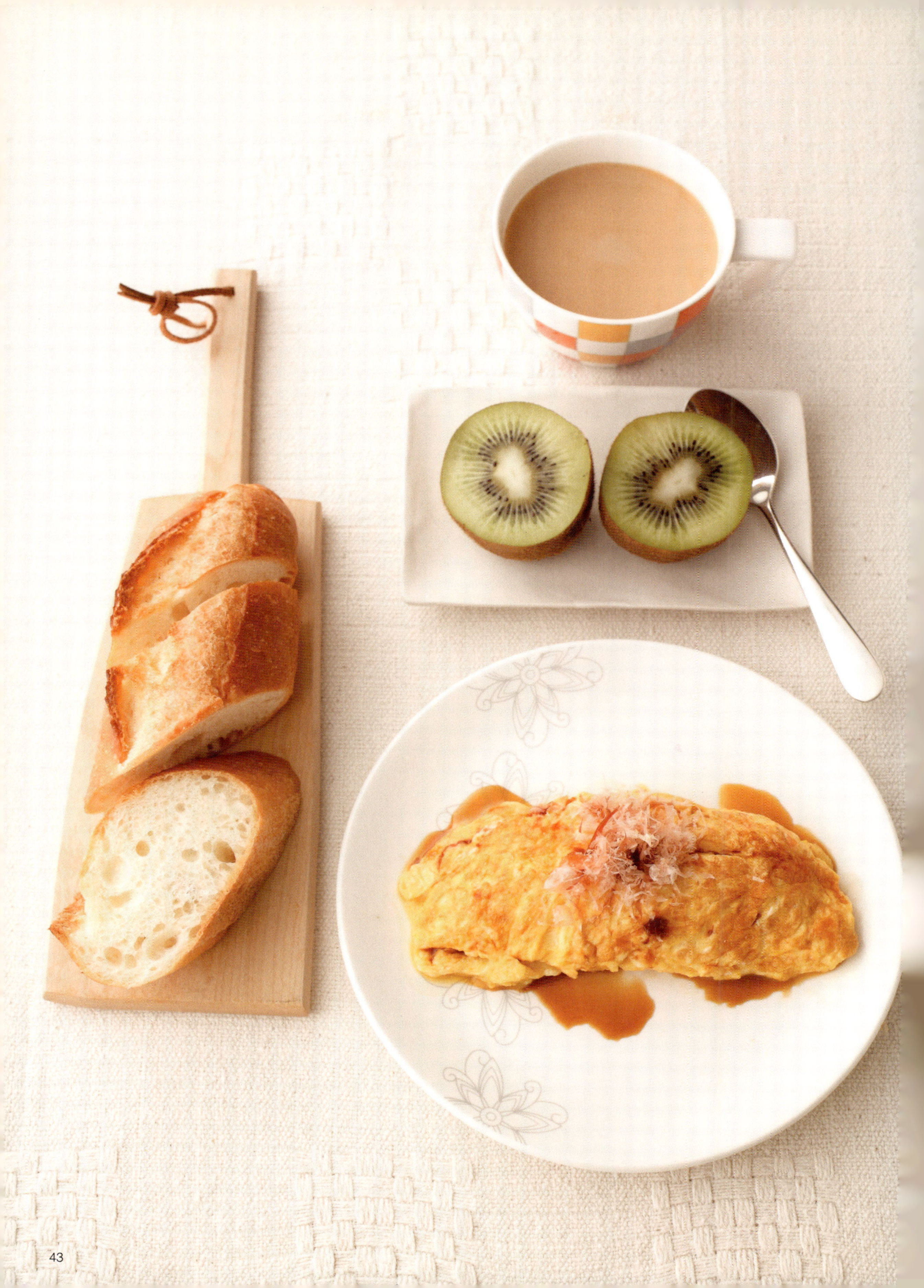

朝食バリエ2

Total 515kcal／塩分3.1g

糸寒天とわかめのみそ汁
17kcal／塩分1.3g

材料
水…150ml
液状みそ…小さじ2
糸寒天…3本の指でひとつまみ
（長い場合ははさみで2等分する）
カットわかめ…小さじ1

作り方
1 カットわかめに水大さじ2（分量外）を加え、2分おいてもどし、塩分の出た水は捨てる。
2 耐熱容器（マグカップなど）に❶と糸寒天を入れ、水を注ぎ、みそを加えて、電子レンジ600Wで2分30秒加熱する。
3 椀にみそ汁を注ぐ。

きゅうりのぶったたき
27kcal／塩分0.9g

材料
きゅうり…1本
しょうゆ…小さじ1
ラー油…2〜3滴

作り方
1 きゅうりは両端を切り落として2つに切り、ポリ袋に入れ、袋の外から包丁やめん棒で叩いて、粗くくだく。
2 しょうゆとラー油を加えてあえて、器に盛る。

豆腐の納豆のせ
219kcal／塩分0.9g

材料
木綿豆腐…小1丁(200g)
納豆…小1パック(30g)
削りかつお…小1パック(3g)
小ねぎ(小口切り)…適量
しょうゆ…適量

作り方
皿に豆腐をちぎってのせ、納豆、削りかつお、小ねぎの順にのせて、しょうゆをかける。

ごはん
252kcal／塩分0.0g

ごはん…茶わん1杯(150g)

朝食バリエ3

Total 415kcal／塩分2.2g

目玉焼きトースト
264kcal／塩分1.5g

材料
食パン…1枚（6枚切り）
卵…1個（50g）
塩…少量
好みで、バター…少量

作り方
1 天板にアルミ箔をしき、食パンをのせる。指でパンの中央をおさえてくぼみを作り、卵を割り落とす。
2 オーブントースターで卵が半熟状にかたまるまで、7〜8分焼く。卵の焼き加減は好みで。パンの縁にバターをぬってもよい。

きゅうりとトマトのサラダ
49kcal／塩分0.6g

材料
きゅうり…1/2本
プチトマト…6個
塩…2本の指で3つまみ
こしょう…少量
酢…小さじ1
サラダ油…小さじ1

作り方
1 きゅうりは1.5cm幅に切る。プチトマトはへたをとる。
2 ふたつきの容器に❶を入れ、塩、こしょう、酢、油を加えて、ふたをする。
3 ふってふってなじませ、器に盛る。

カフェオレ
102kcal／塩分0.1g

材料
水…100ml
インスタントコーヒー…小さじ1〜1と1/2
牛乳…100ml
砂糖…小さじ2

作り方
1 カップに水を注ぎ、インスタントコーヒーを加え、牛乳を注ぎ、ラップをかけずに電子レンジ600Wで2分加熱。
2 ❶に砂糖を加えて混ぜる。

朝食バリエ4

Total 380kcal／塩分3.3g

トマトのみそ汁
31kcal／塩分1.3g

材料
水…150ml
液状みそ…小さじ2
プチトマト…4〜5個

作り方
1 耐熱容器(マグカップなど)に水、みそ、へたをとったプチトマトを入れて、ラップなしで電子レンジ600Wで2分30秒加熱する。

ごはん
252kcal／塩分0.0g

ごはん…茶わん1杯(150g)

ハムとオクラ
97kcal／塩分2.0g

材料
ハム(薄切り)…4枚(36g)
オクラ…7〜8本(40g)
オリーブ油…小さじ1
しょうゆ…小さじ1

作り方
1 オクラは、ガクのまわりをくるりとむきとる。ハムは、1枚を2つ折りにする。
2 耐熱の器にオクラとハムおき、ふんわりラップをし、電子レンジ600Wで1分30秒加熱する。
3 とり出して、オリーブ油としょうゆをかける。

朝食バリエ5

Total 599kcal／塩分1.5g

オレンジミルク
112kcal／塩分0.1g

材料
オレンジジュース…100ml
牛乳…100ml
好みで、氷…2〜3個

作り方
グラスに氷を入れ、オレンジジュースを注ぐ。氷にあてるようにして牛乳を注ぐ。

デミタスコーヒー
6kcal／塩分0.0g

材料
インスタントコーヒー…小さじ1
熱湯…70ml

作り方
デミタスカップにインスタントコーヒーを入れ、熱湯を八分目まで注ぐ。

パンケーキ
481kcal／塩分1.4g

材料
ホットケーキミックス粉…120ml
卵…1個
牛乳または水…大さじ2
サラダ油…小さじ1/2
カテージチーズ…大さじ3
ブルーベリージャム…大さじ1
いちご…3個

作り方
1 卵をといて牛乳を加え、ホットケーキミックス粉を加えて混ぜる。
2 フッ素樹脂加工のフライパンを温め、サラダ油をペーパータオルで全体にぬり、❶を流す。ふたをして、中火で4分焼いて裏返し、弱火で4分焼いて火を通す。
3 器にのせ、カテージチーズ、ブルーベリージャムをのせ、いちごのへたをとって2等分して添える。

休日は冷凍保存のおかずが活躍!!

休日のブランチや昼食は手軽にすませたいもの。そこで、冷凍保存のおかずが活躍。例えば、冷凍のかき揚げを電子レンジで加熱して天ぷらうどんはいかが。夏なら冷やしのぶっかけうどんにしてもいいですね。

かき揚げの作り方

材料
- 絹さや…2枚
- にんじん…1cm分
- 青じそ…3枚
- 冷凍エビ…1尾
- 天ぷら粉…少量
- A [天ぷら粉…小さじ2
   水…小さじ2]
- 揚げ油…適量

作り方
1. 絹さやとにんじんは細切りにし、青じそは粗めのみじん切りにする。エビは解凍し、1cm幅に切る。
2. 1に天ぷら粉少量をまぶし、Aの天ぷら衣でまとめ、160℃の油で揚げ、油をきる。

小皿に四つ折りにしたペーパータオルを敷いてかき揚げをのせて解凍加熱

かき揚げの天ぷらうどん

材料
- うどん(冷凍)…1パック(200g)
- A [和風だしの素(顆粒)…小さじ1
   みりん…大さじ1
   うす口しょうゆ…大さじ1
   塩…小さじ1/3
   水…300ml]
- かき揚げ…1個
- 長ねぎ(青いところ)…3cm(斜め切り)

作り方
1. 冷凍うどんは、熱湯で1分ゆでる。
2. かき揚げは電子レンジで解凍加熱する。
3. 鍋にAを入れて温め、かけつゆを作る。
4. 丼に1の湯を切って入れ、かけつゆを注ぎ、かき揚げと長ねぎをのせる。

Part 2

いろいろ楽しい
満足レシピ

* * * * *

夕食や休日の昼食にぴったり。
簡単でおいしい！

市販のだしやスープの素を使って、手軽においしく

鍋は汁のうま味で決まり！和風のだしの素や洋風のチキンスープの素、中華の鶏ガラスープ、帆立だしの素など、いくつか試してみるとよいですね。顆粒タイプは少量ずつ使えて便利です。

旬の野菜の活力をいただく
春野菜の鍋

材料

- レタス…50g
- 水菜…50g
- 黄にら…50g
- わけぎ…50g
- クレソン…50g
- グリーンアスパラ…2本(正味50g)
- 春雨(乾)…20g
- A
  - 湯…400ml
  - 帆立だしの素、またはチキンスープの素(顆粒)…小さじ1
  - サラダ油…小さじ1/2
- B
  - 湯…50ml
  - 帆立だしの素、またはチキンスープの素(顆粒)…小さじ1/4
  - しょうゆ…大さじ1
  - こしょう…少量
  - 長ねぎ…3cm(細切り)
  - ラー油…小さじ1/2

作り方

1 レタスは、1枚ずつはがす。大きければ、はさみで直径10cmの円形2枚を切りとり、残りは手でちぎる。水菜、黄にら、わけぎ、クレソンは、6〜7cm長さに切る。アスパラは、根元側3cmを切り落とし、5cm長さに切る。
2 春雨は、熱湯でかためにゆでて、ざるにあげる。
3 ❸を合わせてたれを作り、小鉢に移す。
4 食卓のコンロに❹を入れた鍋をかけて煮たったら、好みの具をひと煮しては、たれにつけて食べる。スープも別にとりわけて、たれを少し足して飲むとおいしい。

◎春雨の量を増やして、主食の代わりにしてもよい。

153kcal 塩分1.8g

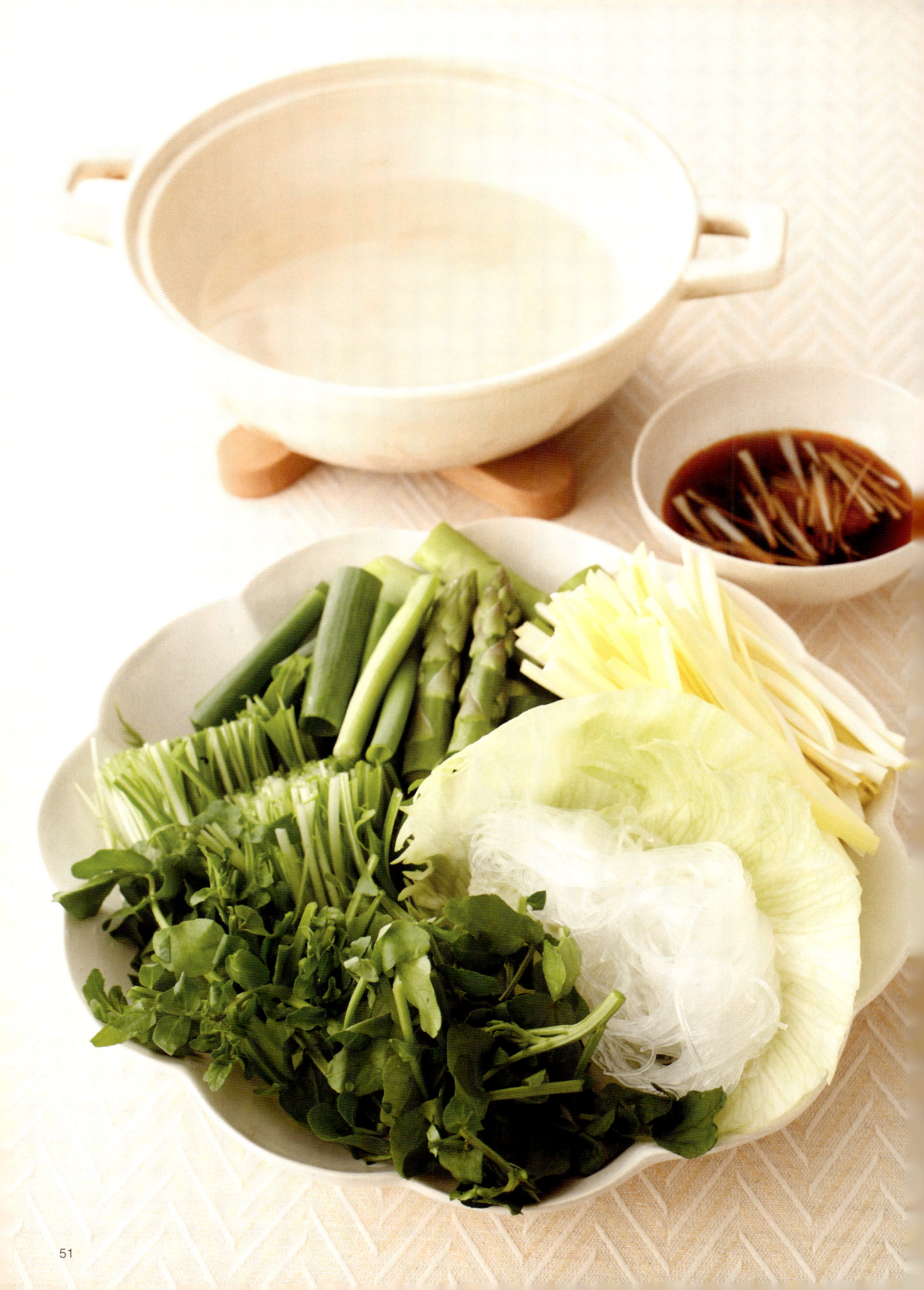

ほんのり甘いさつまいもがおいしい！ さつまいもとにらの豚しゃぶ鍋

材料

豚薄切り肉（しゃぶしゃぶ用）
　　…100g
さつまいも…100g
にら…50g
A ┌ 水…350ml
　│ 昆布…3cm角1枚
　└ 削りかつお…小1パック（3g）
みそ…大さじ1

作り方

1. 耐熱容器にAを入れ、電子レンジ600Wで3分加熱して、鍋にこし入れる。
2. さつまいもは皮を除いて4cm長さに切って、1〜1.5cm角の拍子木に切る。水でゆすいで、ざるへあげる。
3. にらは、4cm長さに切る。
4. ❶の鍋にさつまいもを加えて火にかけ、煮立ったら弱火にして約10分、いもがやわらかくなるまで煮、みそをとく。
5. 豚肉とにらを加え、火が通ったら、器に汁ごととり分けていただく。

◎鍋のあとは、汁にうどんを加えて煮ながら食べるとおいしい。

284kcal　塩分1.2g

石狩鍋

サケを焼いて香ばしさとコクをプラス

材料
- サケ（甘塩）…1切れ（70g）
- 天ぷら粉…小さじ1
- 長ねぎ…1本
- 小ねぎ…1/2束
- サラダ油…小さじ1
- 水…200ml
- 和風だしの素（顆粒）…小さじ1/4
- みそ…小さじ2

作り方
1. サケは2つに切って、天ぷら粉をまぶす。長ねぎは7〜8mm幅の斜め切りにし、小ねぎは5cm長さに切る。
2. 鍋にサラダを熱し、サケの両面をこんがりと焼く。これで鍋に香ばしさを添える。
3. 水を注ぎ、和風だしの素とみそを加え、長ねぎと小ねぎを入れて火が通ったらいただく。

◎鍋のあとは、鍋にごはんを加えてさっと煮て雑炊に。いりごま（白）をふって風味をプラスするとおいしい。

235kcal
塩分1.3g

あっという間に仕事するミニチョッパー

ミニチョッパーは小型のフードプロセッサー。200gほどの食材なら粗みじん切り、みじん切り、すりつぶしをこなします。

例えば、鶏ひき肉をミニチョッパーにかけると、ふわふわとろりのしんじょ生地ができ上がります。コラーゲン豊富で、お肌のハリにもいいですよ。

鶏しんじょ鍋
ふわっふわの鶏しんじょに感激

材料

A
- 鶏ひき肉…150g
- しょうが汁、またはしょうが(すりおろしたもの)…小さじ1
- 玉ねぎ…1/4個
- とき卵…1/2個分
- 塩…小さじ1/4
- かたくり粉…大さじ2

〈だし〉

B
- 水…350ml
- 昆布…3cm角1枚
- 削りかつお…小1パック(3g)

C
- 酒…大さじ2
- うす口しょうゆ…大さじ2

エリンギ…80g
絹さや…8枚
すだち(またはかぼす)…1個
　(2つに切る)

作り方

1. 耐熱カップに❸を入れ、ラップはかけずに電子レンジ600Wで3分加熱して、鍋にこし入れる。
2. エリンギは、3mm幅の縦切りにする。長い部分は2つに切る。絹さやは、筋をとる。
3. ❹の玉ねぎをフードプロセッサーにかけてみじん切りにし、残りの材料を加えて、なめらかになるまで混ぜる。
4. ❶の鍋に❸の調味料を加えて、火にかける。❸を水でぬらしたスプーンですくって落とし、煮立ってきたらアクを引き、エリンギと絹さやを加えて火を通す。
5. 汁ごと器にとり分けて、すだちを絞っていただく。

◎鍋のあとは、もちをフッ素樹脂加工のフライパンでこんがり焼いて加えるとおいしい。
◎だしは、水300ml+和風だしの素(顆粒)小さじ3/4にしても。

416kcal
塩分3.9g

55

サケのから揚げ
しょうゆの香ばしさがたまらない

材料
- サケ(生)…1切れ(100g)
- 塩、こしょう…各少量
- しょうゆ…小さじ1
- 天ぷら粉…大さじ1
- 揚げ油…適量
- クレソン…1/2束(30g)
- フレンチドレッシング(市販)…小さじ2
- にんにく(おろしたもの)…少量

作り方
1. サケは3〜4つにそぎ切りにし、塩、こしょうをふり、しょうゆをまぶし、天ぷら粉をまぶす。粉はまだらにつく感じでよい。
2. フライパンに1cm深さに油を流して160℃に熱する。❶を入れて上下を返しながら、表面がカリッとするまで揚げて、油をきる。
3. クレソンは、5〜6cm長さに切る。フレンチドレッシングににんにくを少し混ぜて、クレソンをあえる。
4. ❷のから揚げを器に盛り、クレソンをのせ、こしょうをふる。

275kcal
塩分2.0g

サーモンチャウダー

こまごまと残っている野菜でどうぞ

材料

A ┌ ズッキーニ
　│ なす
　│ にんじん
　│ 長ねぎ　　　　合計100g
　│ 玉ねぎ
　│ キャベツ
　└ さつまいも

サケ(甘塩)…1切れ(70g)
牛乳…150ml

B ┌ 薄力粉…小さじ1
　└ バター…小さじ2

作り方

1. Aの野菜はあり合わせでよいが、1人分100gほど用意し、1cm角に切る。
2. 耐熱ボウルに❶を入れ、上にサケをのせ、ふんわりラップをし、電子レンジ600Wで4分加熱する。
3. サケをとり出し、皮と骨をとってほぐし、耐熱ボウルにもどし、牛乳を注ぎ、ラップはしないで、電子レンジ600Wで2分加熱する。
4. 別のボウルにBを合わせて練り、❸の煮汁大さじ2でのばし、❸の耐熱ボウルに加え、ラップはしないで、電子レンジ600Wで1分加熱する。

359kcal
塩分1.0g

サンマの酢煮

電子レンジで手軽に煮魚を

材料
サンマ…1尾(正味150g)
A
- しょうゆ…大さじ1
- 黒酢または酢…大さじ1
- 砂糖…大さじ1
- 実山椒の佃煮…小さじ1/2
- (または、しょうがの皮つきの薄切り10枚)

作り方
1 サンマは頭と尻尾を落とし、3〜4cm長さに切る。
2 耐熱ボウルに❹を合わせ、❶を並べ、小皿をおき、ふんわりラップをする。
3 電子レンジ600Wで4分加熱する。

◎煮汁が多く残ったときはサンマをとり出した後、ラップはかけずに、電子レンジ600Wで1〜2分加熱して煮つめ、サンマにかけるとよい。

小皿が落としぶたがわり

492kcal
塩分1.8g

サケの煮つけ

定番の煮つけもあっという間

材料
- サケ…1切れ（100〜120g）
- A
  - しょうゆ…大さじ1
  - 砂糖…大さじ1
  - 酒…大さじ1
- スナップえんどう…5個

作り方
1. スナップえんどうは、筋をとる。
2. 耐熱ボウルに🅐を合わせ、サケを入れて、裏表に調味料をまぶし、❶を加え、両端を少しあけてラップをする。電子レンジ600Wで2分30秒加熱する。

215kcal
塩分1.8g

タラの酒蒸し

電子レンジテクで、驚くほどやわらかく仕上がる

材料
- タラ…1切れ(70g)
- 塩…少量
- 酒…大さじ1
- A
  - 小ねぎ(小口切り)…小さじ1
  - しょうが(みじん切り)…小さじ1/2
  - いりごま(白)…少量
- ポン酢しょうゆ…適量

作り方
1. 「ジップロック」®コンテナー角小にタラを入れ、塩をふり、酒をかける。
2. 「ジップロック」®コンテナー角大に水を1cm深さに注ぐ。❶の角小コンテナーを入れ、大のコンテナーのふたをおく。
3. 電子レンジ600Wで3分、タラに火が通るまで加熱する。
4. タラを皿に移し、Aを合わせて、ポン酢しょうゆをかける。

「ジップロック」®コンテナーの重ね使いで蒸す。(P.35参照)

79kcal　塩分1.1g

塩サバ焼き

電子レンジで焦げ目は、強めの塩がポイント

材料
サバ…1切れ(60g)
塩…小さじ1/3
レモン(くし形切り)…1切れ

作り方
1 サバはペーパータオルにはさんで、水分をとる。皮の中央と、背ビレにそった部分に包丁で切り目を入れる。皮と身に塩をふって、指ですりこむ。
2 12×12cmのクッキングシートに❶を包み、合わせ目を下にして耐熱皿におく。ラップはしないで、電子レンジ600Wで2分加熱。パチッと皮がはじける音がしたら、取り出してシートをはずし、器にのせ、レモンを添える。

164kcal
塩分1.2g

カキとぎんなんのオイスターソース炒め

熱湯で霜ふって、カキをぷりっぷりに

電子レンジなら少量の油で炒め物ができます

電子レンジは本品のほか、エビチリやチンジャオロースーなど、少量の油で中華の炒め物も上手に作ります。

243kcal 塩分3.4g

材料
- カキ…150g
- かたくり粉…小さじ2
- ぎんなん（水煮）…小1缶(50g)
- しょうが（薄切り）…2枚
- サラダ油…小さじ1
- オイスターソース…小さじ2

作り方
1. カキはざるにのせて、塩水の中でふり洗いし、水をきる。かきがくるっと丸まってくるまで熱湯をかけ、水気をきる。
2. 耐熱ボウルに❶のカキを入れ、かたくり粉をふり入れて、ゴムべらでそっと混ぜる。ぎんなん、しょうがを加え、オイスターソース、サラダ油をまわしかけ、ふんわりとラップをする。
3. 電子レンジ600Wで2分加熱し、とり出してひと混ぜする。

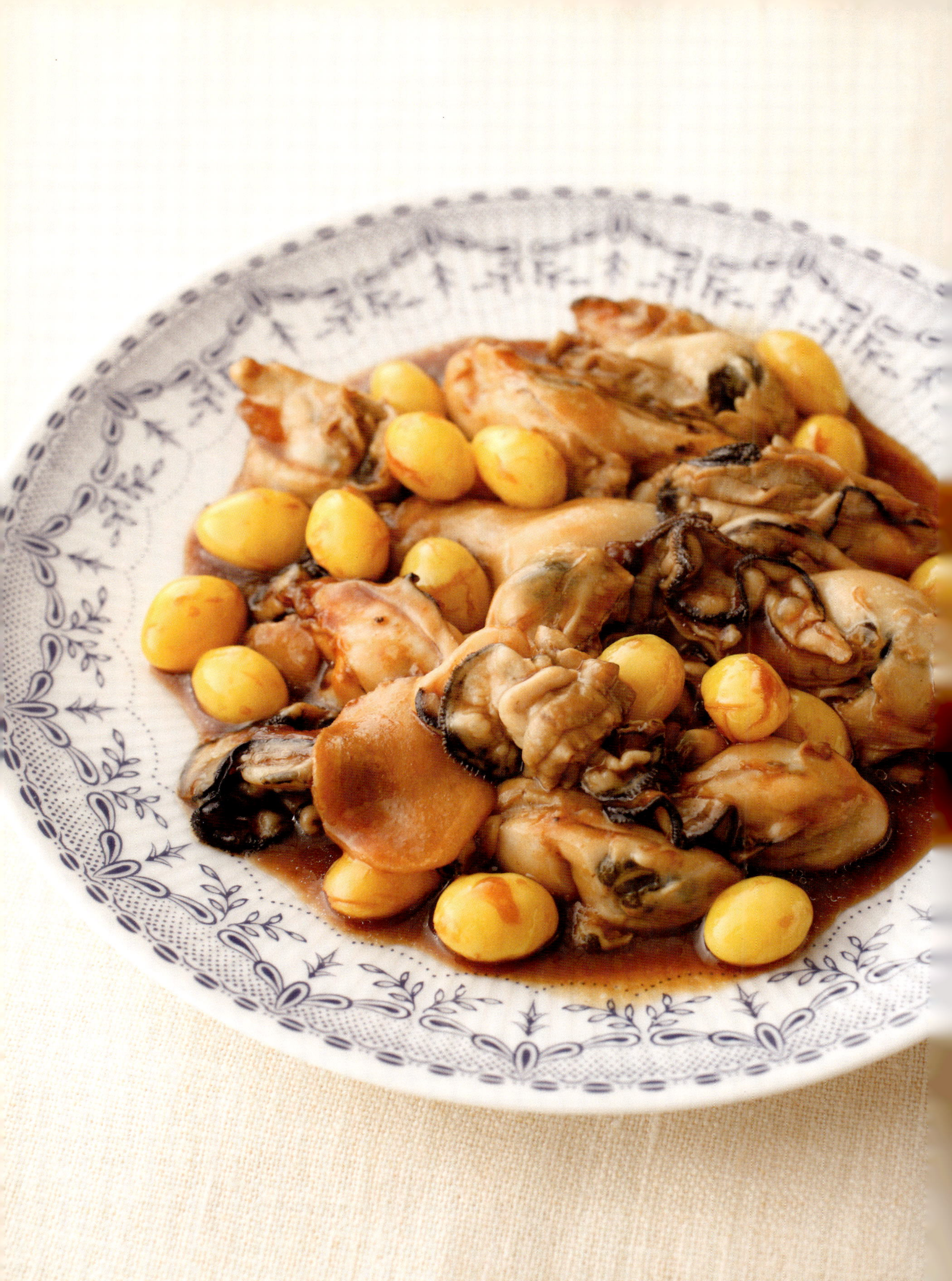

キャベツともやしの焼きそば

オイスターソースをたっぷり使って

材料
- 焼きそば(蒸)…1パック(150g)
- サラダ油…小さじ1
- オイスターソース…大さじ2
- もやし…100g
- キャベツ…100g
- 帆立だしの素、または中華だしの素(顆粒)…小さじ1/4

作り方
1. キャベツは、2×5cm長さのざく切りにする。耐熱ボウルにキャベツともやしを入れ、ふんわりラップをし、電子レンジ600Wで2分加熱。とり出して、野菜の水分を切る。帆立だしの素を加えて混ぜる。
2. 十文字に切ってほぐした焼きそばを別の耐熱ボウルに入れ、サラダ油とオイスターソースをかけて混ぜる。両端を少しあけてラップをし、電子レンジ600Wで3分加熱する。
3. ❷に❶を加えて混ぜる。

421kcal
塩分3.5g

チンゲンサイのにんにく炒め

野菜炒めも電子レンジで

材料
- チンゲンサイ…2株(200g)
- にんにく…1かけ
- ごま油…小さじ1
- 中華だしの素(顆粒)…小さじ1/2
- しょうゆ…小さじ1/2

作り方
1. チンゲンサイは、5cm長さに切る。根元の部分は縦に4〜6等分に切る。
2. 耐熱ボウルに❶を入れ、水大さじ2（分量外）とにんにくを加えて、ふんわりラップをする。電子レンジ600Wで3分加熱し、水分をきる。
3. ごま油と中華だしの素としょうゆを加えて混ぜる。

68kcal 塩分1.2g

カニ風味かまぼこのグラタン
ホワイトソースもチャチャッとできる

264kcal 塩分2.2g

材料
- カニ風味かまぼこ…3個(50g)(斜めに切る)
- 生しいたけ…2個(50g)
- 〈ホワイトソース〉
- 天ぷら粉または薄力粉…小さじ2
- バター…大さじ1
- 牛乳…100ml
- 塩、こしょう…各少量
- パセリ(みじん切り)…少量
- パルメザンチーズ(粉)…大さじ1

作り方
1. カニ風味かまぼこは、2cm幅の斜め切りにしてほぐす。生しいたけは軸をとり、7mm幅に切る。
2. 〈ホワイトソース〉耐熱ボウルに天ぷら粉とバターを入れ、ふたかラップをして、電子レンジ600Wで1分加熱し、泡立て器で混ぜる。牛乳を加えて混ぜ、電子レンジ600Wで1分加熱する。とり出して沈んだ粉をすくいあげるようにして混ぜ、電子レンジ600Wでさらに1分加熱し、塩、こしょうをして混ぜる。
3. ❷の〈ホワイトソース〉に❶を加えて、ふんわりラップをし、電子レンジ600Wで1分加熱する。
4. バター(分量外)を塗ったグラタン皿に❸を移し、チーズとパセリをふる。オーブントースターで、表面がきつね色になり、ソースがふつふつと煮立ってくるまで8～10分焼く。

粉とバターを電子レンジ加熱し、牛乳を2、3回に分けて加え混ぜる

ミートローフ
コロンとかわいい本格派

材料

〈ミートローフ〉
- A
  - 合いびき肉…80g
  - 玉ねぎ(みじん切り)…1/10個分
  - チキンスープのもと(顆粒)…小さじ1/4
  - こしょう…少量
- ベーコン(ハーフ・薄切り)…2枚(10g)

〈サラダ〉
- B
  - 玉ねぎ…1/2個(Aのみじん切り用にとった残り)
  - きゅうり…1/2本
  - パセリ(みじん切り)…適量
  - フレンチドレッシング…適量

作り方

1 Bの玉ねぎは2cm幅のくし形に切り、ポリ袋に入れ、電子レンジ600Wで2分加熱し、冷ます。きゅうりは1cm幅の輪切り。パセリとフレンチドレッシングを加えてあえる。
2 Aを混ぜ合わせる。
3 〈ミートローフ〉小さめの耐熱ボウルまたは電子レンジにかけてよいコーヒーカップの内側に薄くサラダ油(分量外)をぬり、ベーコンを十字に交叉して敷き、❷を詰める。ふんわりラップをし、電子レンジ600Wで3分加熱する。
4 ❸をとり出して2つに切り分けて、器に盛り、❶を添える。

226kcal
塩分0.9g

トマトのパリジャン

作りたてでも、ひと晩おいたような味

材 料
トマト（完熟）…1個（100g）
青じそ…1枚
A ┌ フレンチドレッシング（市販）
　│　…大さじ1
　└ トマトケチャップ…大さじ1

作り方
1 トマトはへたをとって、6～8個のくし形切りにする。
2 青じそは2等分し、細切りにする。
3 ❹を合わせて、❶❷をあえる。

110kcal
塩分1.0g

カレー味ですっきり ポテトとキャベツのインド風サラダ

材料
- キャベツ…1枚(50〜100g)
- じゃがいも…1個(100g)
- A
  - カレー粉…小さじ1/2
  - フレンチドレッシング(市販)…大さじ1
  - しょうゆ…小さじ1/2
- こしょう…少量

作り方
1. キャベツの葉は2.5cm角に切る。かたい軸は薄切りにする。じゃがいもは皮をむき、1.5cm角切り。
2. 耐熱ボウルに❶を入れ、水大さじ2(分量外)をかけ、両端を少しあけてラップをし、電子レンジ600Wで4分加熱し、水気をきる。
3. ❹を合わせて、❷に加えて混ぜ、こしょうをふる。

168kcal　塩分0.9g

日持ちするから、倍量作りで常備菜にも

にんじんとリンゴのサラダ

材料
- にんじん…小1本(100g)
- フレンチドレッシング(市販)…大さじ1
- リンゴ…1/2個(150g)
- A [砂糖…大さじ1
      酢…大さじ1
- パセリ(みじん切り)…少量

作り方
1. にんじんは皮をむき、チーズのおろし金で粗めにおろす。なければ、3cm長さのせん切りにし、フレンチドレッシングを加えて混ぜる。
2. リンゴの皮は色が美しければ残して、でなければ除き、4等分のくし形切りにする。芯を除いて5mm幅のイチョウ切りにする。耐熱ボウルに移し、Aを加え、ふんわりラップをし、電子レンジ600Wで2分加熱する。ラップをはずし、さらに2分加熱し、水分を飛ばす。
3. ❶と❷を合わせて、器に盛り、パセリをふる。

230kcal
塩分0.6g

かぼちゃのサラダ

ほんのり甘く、なごむ味

材料
- かぼちゃ…150g
- グリーンピース（冷凍）…50g
- むきエビ…3尾
- マヨネーズ…大さじ1

作り方
1. かぼちゃはワタと皮を除き、4つに切る。
2. 耐熱ボウルに❶とグリーンピース、エビを入れ、水大さじ2（分量外）を加え、両端を少しあけてラップをする。電子レンジ600Wで6分加熱する。
3. かぼちゃがやわらかくなり、エビに火が通ったら、水気をきる。マッシャーやスプーンの背でかぼちゃをつぶして冷まし、マヨネーズであえる。

307kcal 塩分0.5g

薄焼き卵

温かくてふわふわ。焼きたて！

薄焼き卵は卵4個分を焼く

焼きたての温かい薄焼き卵を食べたこと、ありますか？ そりゃあ、おいしい！ 天にも昇る心地というのは、このときのためにある言葉だと思えるほどです。おひとりさまといっても、薄焼き卵は卵4個分のまとめ焼きがおすすめ。

4個も焼けばフライパンも馴れるし、あなたの腕も慣れる。余れば、錦糸卵で冷凍し、汁の実や散らしずし、冷やし中華にと用途は限りなくあります。

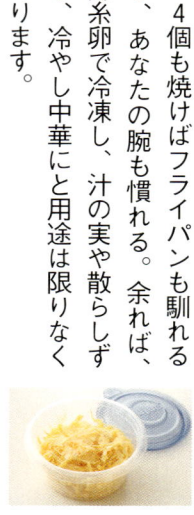

材料　約4人分

- 卵…4個
- A
  - 水…小さじ1
  - かたくり粉…小さじ1/2
  - 砂糖…小さじ1
  - 塩…ひとつまみ
- サラダ油…適量

作り方

1. ボウルにAを合わせて混ぜる。
2. 卵を別のボウルでといて❶に加えて、なめらかになるまで混ぜ、ざるでこす。
3. フッ素樹脂加工のフライパンにサラダ油を多めに流して、強火で2～3分加熱。フライパンが熱くなったら、油はすべてあける。
4. フライパンに少し残った油もティッシュでふきとる。卵液をお玉に一杯分流し、フライパンをくるりと回し、余った卵液はボウルにもどす。強火で焼いて、フライパンのふちにも火をあてて、ふちがちりちりと浮いてきたら、箸にかけてとり出す。
5. 残りの卵液も同様に焼く。

89kcal
塩分0.3g

73

油淋鶏（ユウリンジィ）

甘酸っぱいたれでごはんがすすむ鶏のから揚げ

市販品を利用して

材料

- 鶏のから揚げ(市販)…100g
- 長ねぎ…2cm
- きゅうり…1/2本
- いりごま(白)…小さじ1
- A
  - ラー油…小さじ1/2
  - 酢…大さじ1
  - しょうゆ…小さじ1
  - 砂糖…小さじ2
  - しょうが(おろしたもの)…小さじ1
  - こしょう…少量

作り方

1. 長ねぎときゅうりは粗めのみじん切りにする。ボウルにAを入れ、きゅうりといりごまを加えて混ぜる。
2. 鶏のから揚げは1個を2つに切って皿にのせ、電子レンジ600Wで2分加熱する。
3. ❷と❶を合わせて混ぜる。

251kcal
塩分2.0g

アナゴどんぶり

真空パックの煮アナゴ
食感の違うものを組み合わせて

材料
ごはん（温かいもの）
　…茶わん1杯（150g）
煮アナゴ（市販）…30g
ブロッコリー…60g
かまぼこ（薄切り）…3〜4枚
漬物（しば漬けなど）…大さじ1

作り方
1　ブロッコリーは小房に分けてポリ袋に入れ、電子レンジ600Wで1分加熱。ポリ袋に水を注いで冷まし、ざるへあげる。
2　煮アナゴは、2〜3cm長さに切る。かまぼこは細かく刻む。漬物は1〜1.5cm角に切る。
3　丼に温かいごはんを入れ、❶❷をのせる。

354kcal
塩分1.8g

ボンゴレスパゲティ

アサリ缶 　とにかく簡単！
ストック素材を利用して

材料
スパゲティ…70g
A ┌ あさり(缶)…小1缶(85g)
　│ にんにく(おろしたもの)
　│ 　…小さじ1/2
　│ トマトケチャップ…大さじ1
　│ オリーブ油…大さじ1
　└ パセリ(みじん切り)…少量
こしょう…少量

作り方
1 スパゲティは、袋の表示時間に合わせてゆでる。
2 耐熱ボウルに❹を入れ、両端を少しあけてラップをし、電子レンジ600Wで2分加熱する。
3 スパゲティの湯を切って、❷であえて器に盛り、こしょうをふる。

**489kcal
塩分1.3g**

豆カレー

カレーを電子レンジで油なしで作る
ビーンズ缶・アサリ缶

材料
- ごはん(温かいもの)
  …茶わん1杯(150g)
- ミックスビーンズ(ドライパック)
  …小1パック(50g)
- アサリ(缶)…小1缶(85g)
- カレールウ…1/2かけ(10g)
- 水…100ml

作り方
1. 耐熱ボウルにミックスビーンズとアサリ、刻んだカレールウを入れ、水を注ぐ。
2. 両端を少しあけてラップをし、電子レンジ600Wで5分加熱する。とり出して混ぜる。
3. 器にごはんを盛り、❷をかける。

470kcal
塩分2.3g

昆布の佃煮

だしをとったあとの昆布が最適

常備菜

材料 作りやすい分量(1人分×4)
昆布(だしをとったあとのもの)
　…100g
A［砂糖…小さじ1
　　酒…小さじ1
　　しょうゆ…小さじ2
　　水…大さじ2］

作り方
1. 昆布は、3cm長さの細切りにする。
2. 耐熱ボウルにAを合わせ、昆布を入れて混ぜる。
3. 小皿をじかにおき、両端を少しあけてラップをして、電子レンジ600Wで2分加熱する。とり出して混ぜる。

21kcal
塩分0.6g

水煮大豆の甘煮

食物繊維補給に常備しておきたい

材料　作りやすい分量(1人分×4)

大豆(水煮)…1缶(200g)
A ┌ 砂糖…大さじ3
　│ みりん…大さじ1
　└ しょうゆ…大さじ1

作り方

1 耐熱ボウルにAを合わせ、大豆を入れて混ぜる。
2 ❶の上に小皿をじかにおき、両端を少しあけてラップをして、電子レンジ600Wで4分加熱する。
3 とり出して混ぜる。

130kcal
塩分0.7g

おひとりさまの漬物はファスナー付きポリ袋で

箸休めにあると便利なのが漬物。ファスナー付きポリ袋に野菜と調味料を入れて空気を抜き、口を閉じればOK。小松菜など水分が多い野菜は電子レンジで加熱し、水分を抜いて漬けると早くできます。

ごはんによく合う箸休め
小松菜の野沢菜漬け風
19kcal／塩分1.0g

材料 作りやすい分量（1人分×4）

小松菜…100g
A［しょうゆ…大さじ1
　水…大さじ1
　和風だしの素（顆粒）…小さじ1/4
　赤唐辛子（輪切り）…2個］

作り方

1. 小松菜は2つに切ってポリ袋に入れ、電子レンジ600Wで1分加熱する。ポリ袋に水を注いで冷まして絞り、4cm長さに切る。
2. ファスナー付きポリ袋にAを入れ、❶を加え、空気を抜いて口をとじる。
3. 10分ほどたったら、食べられる。時間がたてば古漬け風に。

※保存は冷蔵で1週間。

昆布のうま味が決めて
キャベツの一夜漬け
14kcal／塩分1.3g

材料 作りやすい分量（1人分×4）

キャベツ…200g
昆布…3cm角1枚
赤唐辛子…1/2本
A［塩…小さじ1と1/2
　砂糖…小さじ1
　水…100ml
　酢…大さじ1
　しょうゆ…大さじ1］

作り方

1. キャベツは、手でちぎる。昆布は、2つに切る。
2. ファスナー付きポリ袋に❶と赤唐辛子、Aを入れ、空気を抜いて口をとじる。
3. 10分ほどたったら、食べられる。時間をおくと糠漬け風に。

※保存は冷蔵で1週間。

定番ピクルスを簡単に
ミックスピクルス
16kcal／塩分0.3g

材料 作りやすい分量（1人分×4）

きゅうり…1本
にんじん…4cm
大根（1cm幅の輪切り）…1個
A［酢…大さじ3
　砂糖…大さじ3
　塩…小さじ1］
ローリエ、赤唐辛子、粒こしょう（あれば）…各少量

作り方

1. きゅうりは、1.5cm角4cm長さ、にんじんは、7mm角4cm長さにする。
2. ファスナー付きポリ袋にAを入れ、袋の外からもんで砂糖と塩をとかし、❶を加える。あれば、ローリエ、赤唐辛子、粒こしょうも加え、袋の口をとじる。
3. 10分ほどたったら食べられる。漬け始めはサラダ風。

※保存は冷蔵で1週間。

常備菜

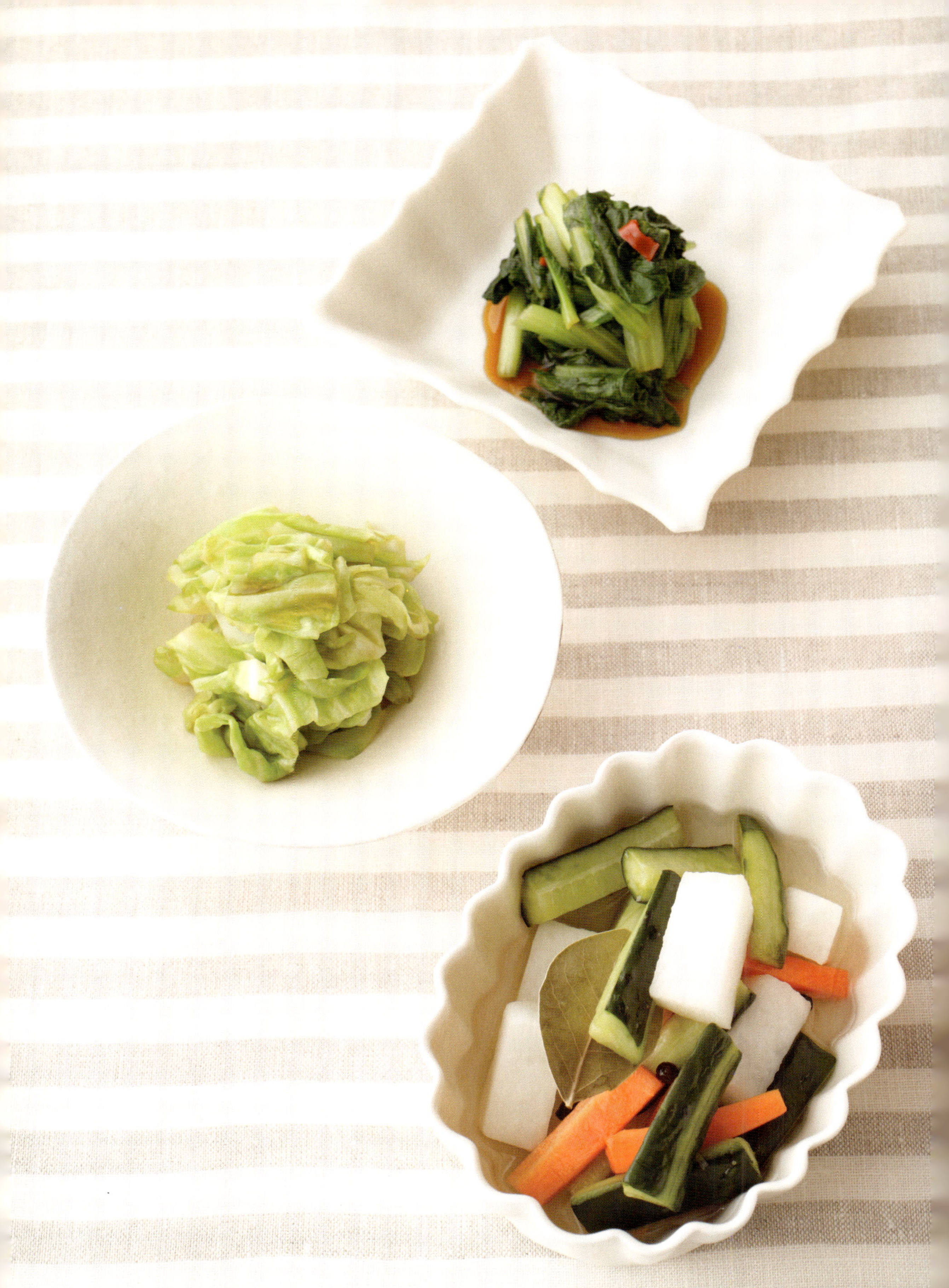

生鮮食材の冷凍術

ムダなく使い切りたい食材ですが、1パックの量が多すぎたり、外食した結果、余ってしまったりする食材もあります。ここでは冷凍向きの食材をピックアップ。冷凍法＆解凍法を紹介します。

〈アサリ〉
冷凍●砂抜きずみのもの（水1カップに塩小さじ1の割合で作った塩水に3時間浸して、砂を吐かせる）。殻同士をこすり合わせるようにして水洗いし、汚れを除く。水気をきって、冷凍用ポリ袋に密封して冷凍。
解凍・加熱●そのまま調理加熱できる。凍ったまま鍋に入れて、水を注いで火にかければ「潮汁」。酒をふりかけて、ふたをして加熱すれば「酒蒸し」に。にんにくと一緒にソテーしても美味。

〈生しいたけ〉
冷凍●石づきをとって薄切り、または2～4等分し、冷凍用ポリ袋に密封して冷凍。
解凍・加熱●凍ったまま調理できる。煮ても焼いても、酒蒸しにしてもいい。

〈トマト〉
冷凍●そのまま、冷凍用ポリ袋に密封して冷凍。
解凍・加熱●使うときは、凍ったまま水につけると、皮がつるりとむける。へたをとって、凍ったまま鍋に入れる。電子レンジにかける。シチュー、炒め物、スープに使える。

〈しょうが〉
冷凍●皮ごと洗ってペーパータオルで水気を除く。かたまり、せん切り、すりおろしなどの下ごしらえをして、仕切りカップに入れて、ふたつき冷凍用容器で冷凍。
解凍・加熱●凍ったまま、炒め物、あえ物に使える。かたまりは凍ったまますりおろすと、キメの細かいおろししょうがになる。

〈豆腐〉
冷凍●丸ごと残ったときは、パックごと冷凍する。使いかけの豆腐のときは、水をきって、ふたつき冷凍用容器で冷凍。
解凍・加熱●冷凍用容器のふたをとり、100gにつき電子レンジ600Wで2分(500Wなら2分20秒)加熱する。水分がとけ出て、高野豆腐状態に。水をきってボウルに移し、泡立て器で勢いよく混ぜれば、いり豆腐に。半解凍の状態で切り分けると、ダイスでも拍子木切りでも楽にできる。豆腐料理にはすべて使える。

〈がんもどき〉
冷凍●冷凍用ポリ袋に密封して冷凍。
解凍・加熱●凍ったまま調理できる。油抜きと解凍を同時に行うときは、水でぬらしたペーパータオルに包み、器にのせ、100gにつき電子レンジ600Wで2分加熱。豆腐の冷凍と同じで、少々"ス"がたった状態になる。

〈納豆〉
冷凍●納豆は冷凍にむく食品。購入してその日に食べない分は、即冷凍。最高に良好な状態で発酵がストップ。パックごと冷凍するので、ミニサイズのものが便利。
解凍・加熱●冷凍納豆は粘りがないので、包丁で切るのも楽。そのまま自然解凍する。小粒のものほど、室温での解凍時間が短くてすむ。急ぐときは、同梱されているたれ、とき辛子ははずし、ミニパック1個(30g)で電子レンジ弱1分加熱で、冷たく解凍。朝ごはんに、豆腐にかけたり、みそ汁に入れたり、野菜のあえ物のたれとして使う。

Part 3

四季折々の楽!レシピ

✳ ✳ ✳ ✳ ✳

季節を感じる料理はもちろん、酒の肴、スイーツまで、お楽しみ盛りだくさん!

84

春レシピ

ちらしずしと はんぺんのすまし汁

春のきざしにワクワクのひな祭り、
そして、一気に華やぐ桜の季節。
テーブルには、春の色。
おすしの「春」はちらしずし。

はんぺんのすまし汁

30kcal／塩分1.6g

材料

はんぺん…1/6個
三つ葉…2本
水…150ml
A ┃ しょうゆ…小さじ1
　┃ 酒…小さじ1
　┃ 塩…少量
　┃ 和風だしの素（顆粒）
　┃ 　…小さじ1/4
練りわさび…少量

作り方

1. はんぺんは、2つに切る。三つ葉は、2本の葉をそろえて片結びにし、茎を3cm残して切る。
2. 鍋に水を注ぎ、❹で調味し、はんぺんを加えて火にかける。はんぺんに火が通り、ぷっとふくらんできたら、火をとめる。
3. 椀にはんぺんを入れ、三つ葉をおき、だし汁を注ぐ。

ちらしずし

427kcal／塩分2.1g

材料

ごはん（温かいもの）…150g
すし酢（市販）…大さじ1
ボイルえび（無頭・殻つき）…3尾
（殻をむき、背ワタをとる）
グリンピース（水煮）…大さじ1
生しいたけ…1枚
にんじん…2cm（20g）
A ┃ 塩…ひとつまみ
　┃ 砂糖…ひとつまみ
　┃ 水…大さじ1
実山椒の佃煮…小さじ1/2
錦糸卵※…卵1個分
木の芽…少量
※錦糸卵は卵4個分で作り置きを。
（P.72参照）

作り方

1. しいたけは厚みを2〜3枚にそいで、縦半分に切り、直角にせん切りにする。にんじんは2cm長さのせん切りにする。
2. 耐熱ボウルに❶を入れ、❹を加えてふんわりラップをし、電子レンジ600Wで1分加熱し、とり出して水分をきる。
3. ❷に実山椒の佃煮とごはん、すし酢を加えて混ぜる。
4. 器に❸を盛り、錦糸卵を散らし、ボイルえびとグリンピースをのせ、木の芽を飾る。

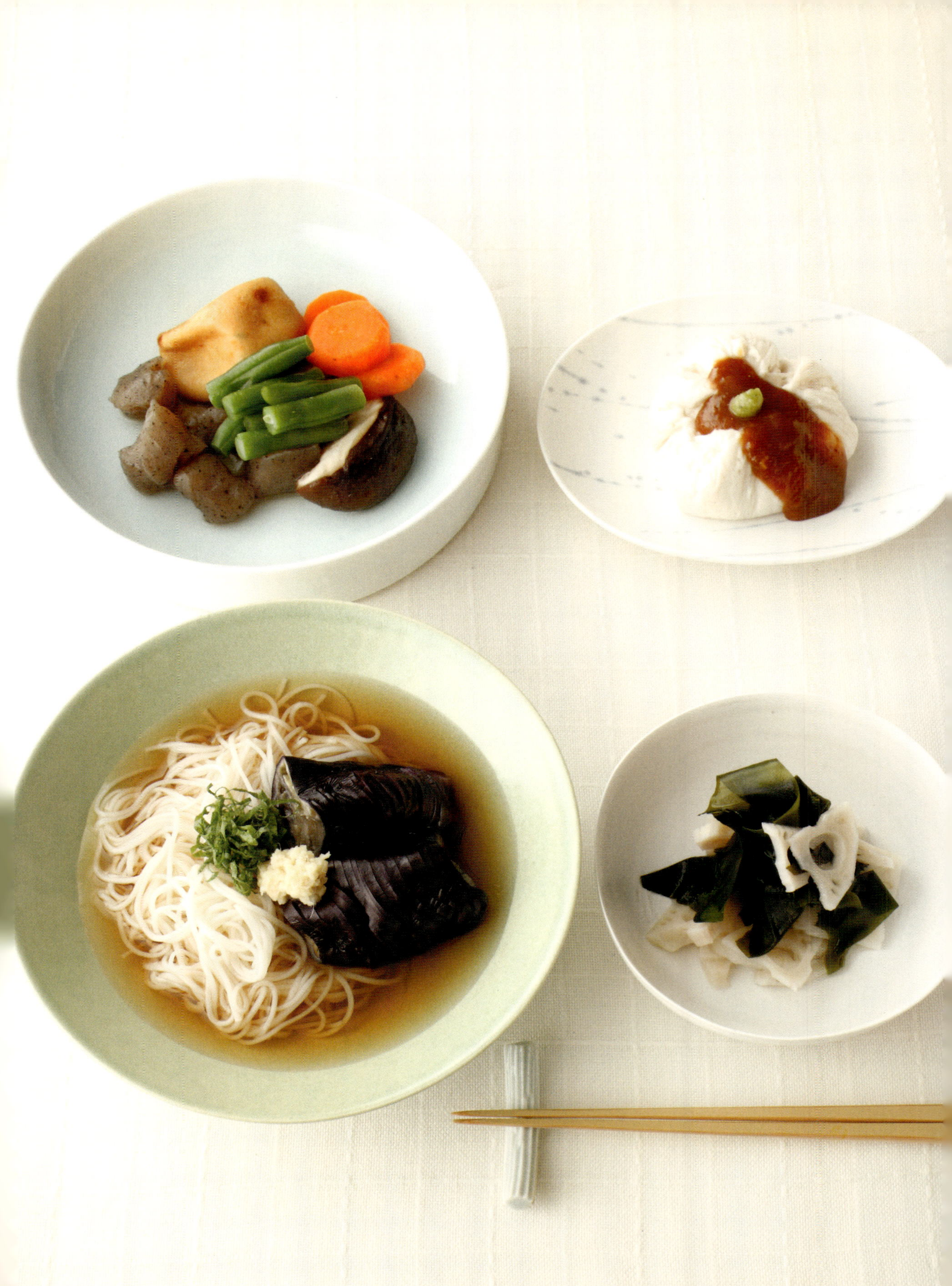

夏レシピ お盆の精進料理

お盆料理は「三汁五菜」。おひとりさまなら、わたくしサイズの精進料理。夏真っ盛り、すっきりさっぱり。

〈酢の物〉れんこんとわかめの三杯酢

39kcal／塩分0.8g

材料
れんこん（1cm幅の輪切り）…1個（30g）
カットわかめ…小1袋（5g）
A ┌ 酢…小さじ2
  │ 砂糖…小さじ1
  └ うす口しょうゆ…小さじ1

作り方
1 ボウルにわかめを入れ、水大さじ2を注ぎ、2分おいてもどす。塩分の出た水は捨てる。
2 れんこんは1～2mm厚さのイチョウ切りにする。耐熱ボウルに入れ、酢小さじ1/2と水大さじ1（いずれも分量外）を加え、ふんわりラップをし、電子レンジ600Wで1分加熱。ざるへあげ、水けをきる。
3 ❹を合わせ、❶❷をあえる。

〈坪〉ごま豆腐

94kcal／塩分0.3g

材料
くず粉…小さじ2
水…100ml
練りごま（白）…小さじ2
A ┌ みそ…小さじ1/2
  │ 砂糖…小さじ1/2
  │ 水…小さじ1
  └ 練りわさび…少量

作り方
1 ボウルにくず粉を入れて、水を注いでとかす。
2 耐熱ボウルに練りごまを入れ、❶を少しずつ加えて混ぜる。
3 ふんわりとラップをし、電子レンジ600Wで1分加熱する。
4 とり出して泡立て器で混ぜ、電子レンジ600Wで30秒加熱し、とり出してもう1回混ぜる。
5 ラップを広げて❹をのせ、まわりのラップを寄せて包み、輪ゴムでしばって、氷水に浮かべて冷ます。
6 ラップをはずして器に盛り、❹を合わせたみそだれをかけ、練りわさびを添える。

冷やしそうめん

219kcal／塩分3.2g

材料
そうめん（乾）…50g
A ┌ 水…170ml
  │ 昆布（3cm角）…1枚（1.5g）
  └ 削りがつお…小1/2パック（1.5g）
B ┌ うす口しょうゆ…小さじ1と1/2
  └ みりん…小さじ1
なす…1本（100g）
C ┌ うす口しょうゆ…小さじ1
  │ 酒…小さじ1
  └ 砂糖…小さじ1/2
青じそ（せん切り）…1枚
しょうが（すりおろす）…少量

作り方
1 耐熱カップに❹を入れ、電子レンジ600Wで1分30秒加熱し、とり出してこす。❺で調味して冷やす。
2 なすはへたと先端少々を切り落とし、表面に3mm間隔2～3mm深さに切り目を入れ、裏返して同様に切り目を入れ、長さを半分に切る。耐熱ボウルに移し、❻をかけ、ふんわりラップをする。電子レンジ600Wで1分加熱し、とり出して、なすを裏返してラップをもどし、さらに1分加熱して冷やす。
3 鍋に熱湯500mlをわかし、そうめんをさばいて入れ、次に沸騰したらふたをして火をとめ、2分蒸らす。ざるにあげ、水洗いしてぬめりをとる。
4 器にそうめんを盛り、❷のなすをのせ、❶を注ぎ、青じそとしょうがをのせる。

〈平〉お煮しめ

98kcal／塩分0.8g

材料
ミニがんも…1個
こんにゃく…1/5個（40g）
にんじん…3cm
生しいたけ…1枚
さやいんげん…2本
A ┌ 水…大さじ2
  │ 和風だしの素（顆粒）
  │   …ひとつまみ
  │ うす口しょうゆ…小さじ1
  └ みりん…小さじ1

作り方
1 にんじんは1cm厚さの輪切りにし、めんとりをする。生しいたけは軸を除き、2つに切る。さやいんげんは両端を落とし、長さを4等分する。
2 こんにゃくは、スプーンで5～6個にかきとり、ペーパータオル2枚を重ねて包み、耐熱ボウルに入れ、電子レンジ600Wで1分加熱し、アク汁のしみたペーパータオルをはずす。
3 ❶をこんにゃくのボウルに加え、❹を加える。小皿をじかにおき、ふんわりラップをする。電子レンジ600Wで3分加熱し、とり出して混ぜる。

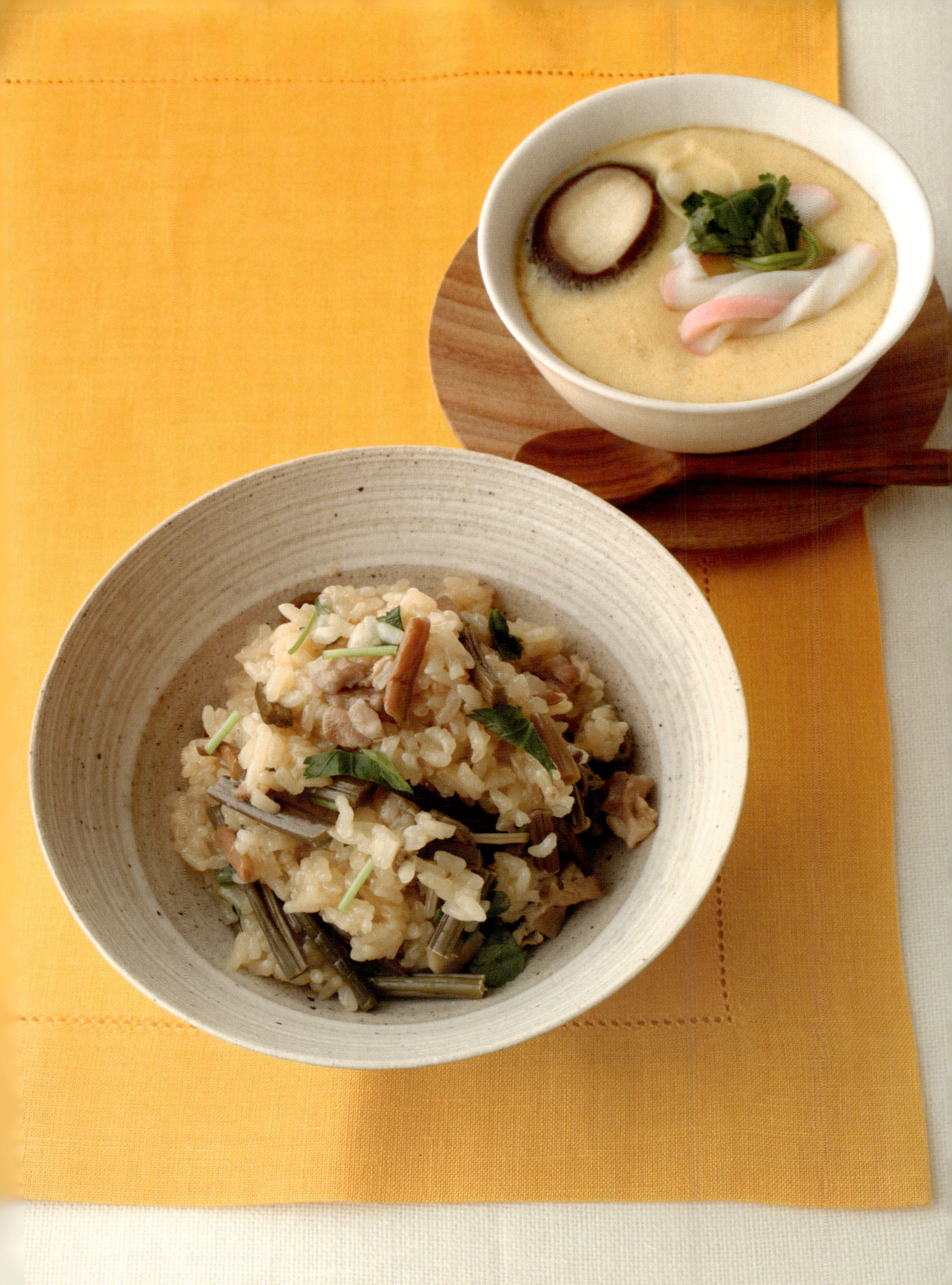

秋レシピ

きのこおこわと茶碗蒸し

五穀豊穣、実りの秋。
山の幸をしみじみ味わうおこわ、
ふるふる卵の茶碗蒸し。
地の恵みを伝える秋レシピ。

茶わん蒸し

116kcal／塩分1.6g

材 料

卵…1個
A ┌ 水…120ml
　│ 和風だしの素…小さじ1/4
　│ みりん…小さじ1
　│ しょうゆ…小さじ1/2
　└ 塩…少量
生しいたけ…1/2枚
かまぼこ…2切れ
三つ葉…2本

作り方

1 生しいたけは軸を除く。かまぼこは1本切り目を入れて、片端を入れてねじる。三つ葉は2cm長さに切る。
2 ボウルに❹を合わせて混ぜ、割りほぐした卵に加えて混ぜ、万能こし器でこす。蒸し茶わんにしいたけを入れ、卵液を注ぐ。
3 ふたのできるフライパンや小鍋に❷をおき、水を糸底より1cm上までくるように注ぐ。
4 ふたをして火にかけ、ゴトゴトと茶わんの動く音がし始めて、蒸気が上ったら、弱火にして4分加熱する。ふたをとって、かまぼこと三つ葉をおき、ふたをもどし、火をとめて5分おく。

きのこおこわ

389kcal／塩分1.3g

材 料

もち米…1/2カップ（85g）
鶏もも肉…30g
山菜ミックス（水煮・市販）…70g
A ┌ 水…90ml
　│ しょうゆ…大さじ1/2
　└ 酒…大さじ1/2

作り方

1 鶏肉は1cm角に切り、山菜は水きりして、長いところは2～3cmに切る。
2 もち米は洗ってざるにあげ、耐熱ボウル（直径約18cm）に移す。
3 ❷の耐熱ボウルに❹を加えて箸で混ぜ、平らにし、❶の鶏肉と山菜をのせる。両端を少しあけてラップをして、電子レンジ600Wで4分加熱する。
4 煮汁がふつふつと煮立ってきたら、弱（100～200W）または解凍キーに切りかえて12分加熱。とり出して、5分おいてほぐす。

冬レシピ 少量おせち

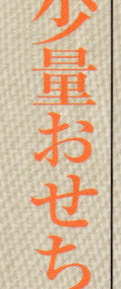

年の始めの祝い膳。ひとりでもふたりでも楽しめる少量おせち。少なく作ってもおいしい、楽しい、おめでたい。

筑前煮

雑煮

黒豆

昆布巻き

きんとん

紅白なます

数の子

筑前煮

69kcal／塩分0.5g

材料　作りやすい分量（1人分×4）

- 鶏もも肉…60g
- 和風煮物ミックス（冷凍・市販）…200g
- A
  - しょうゆ…大さじ1
  - 砂糖…大さじ1
  - 酒…大さじ1

作り方

1. 鶏もも肉は8等分に切り、❹をからめる。
2. 耐熱ボウルに、和風煮物ミックスを入れる。❶の鶏肉を、野菜の上にのせる。
3. 小皿をじかにのせ、両端を少しあけてラップをする。電子レンジ600Wで6分加熱する。
4. 冷凍野菜は水分が多く出るので、別の耐熱ボウルに❸の煮汁をとり分け、ラップをしないで電子レンジ600Wで1〜2分加熱して、煮汁にとろみをつける。
5. 筑前煮のボウルにもどして、全体を混ぜる。

雑煮

169kcal／塩分1.8g

材料

- 切りもち…1個
- 鶏もも肉（皮つき）…30g
- 里芋…1/2個（20g）
- 三つ葉…2本
- 水…150ml
- A
  - 和風だしの素（顆粒）…小さじ1/4
  - しょうゆ…小さじ2
  - 酒…小さじ1
  - 砂糖…小さじ1/2
- B
  - かたくり粉…小さじ1/2
  - 水…小さじ1

作り方

1. 鶏もも肉は、一口大に切る。里芋は皮を除き、2等分する。三つ葉は、2cm長さに切る。
2. もちはフライパンかオーブントースターで焼く。
3. 鍋に水を注ぎ、鶏肉を加えて火にかける。肉の色が変わったら、里芋を加え、火が通るまで煮る。
4. ❹を加えて、❺の水どきかたくり粉でとろみをつける。三つ葉を加え、火をとめる。
5. 焼いたもちを椀に入れ、❹を注ぐ。

黒豆

70kcal／塩分0.2g

材料　作りやすい分量（1人分×8）

- 黒豆…1/2カップ（70g）
- 砂糖…1/2カップ
- 塩…小さじ1/4

作り方

1. 黒豆は水洗いし、ざるにあげる。耐熱ボウルに入れ、熱湯2カップを注ぎ、豆の皮のしわがなくなり、ふっくらするまで5〜6時間おく。
2. 小皿をじかにかぶせ、両端を少しあけてラップをかけ、電子レンジ600Wで5分加熱し、沸騰してきたら、弱（100〜200W）または解凍キーに切りかえて2時間加熱する。黒豆を指でつぶしてみて、やわらかくなっていればよい。
   ※❶を鍋に入れて火にかけ、沸騰したらごく弱火にして1時間30分〜2時間、豆がやわらかくなるまで煮てもよい。
3. 砂糖の1/2量を加え、弱キーで5分加熱する。
4. 残りの砂糖と塩を加え、さらに弱キーで5分加熱する。とり出して、ひと晩おいて味を含ませる。

昆布巻き
39kcal／塩分0.9g

材料　作りやすい分量（1人分×4）
- 早煮昆布…2枚(10g)
- 水…1カップ
- A
  - しょうゆ…大さじ1
  - 砂糖…大さじ1
  - 昆布のもどし水…大さじ1
- B
  - 鶏ひき肉…50g
  - 卵白…1/2個分
  - 塩…ひとつまみ

昆布にひき肉のたねをぬりつけて巻くだけ

作り方
1. 早煮昆布は、水にひたして30分おき、十分にもどす。
2. ❷は合わせて粘りが出るまで混ぜる。
3. 水もどしした昆布をペーパータオルにはさんで、水分をとる。まな板に昆布を縦長におき、❷を1/2量ずつゴムべらで全体にぬりつけ、手前からくるくると巻く。
4. 耐熱ボウルに❶を合わせ、❸の巻き終わりを下にして入れ、ふんわりとラップをかける。電子レンジ600Wで2分加熱し、とり出して上下を返し、さらに2分加熱する。
5. 両端を切り落とし、1本を4等分する。

紅白なます
20kcal／塩分0.1g

材料　作りやすい分量（1人分×4）
- 大根…100g
- にんじん…2cm(20g)
- A
  - 酢…大さじ1
  - 砂糖…大さじ2
  - 塩…少量

作り方
1. 大根は、5cm長さの太めの細切りにする。にんじんは、2cm長さのせん切りにする。
2. ボウルに❶を入れ、塩小さじ1/4（分量外）をふって2分おき、しんなりしたらきつく水気を絞り、ボウルにもどす。❷を加えて混ぜる。

きんとん
53kcal／塩分0.0g

材料　作りやすい分量（1人分×4）
- さつまいも（皮を厚めにむく）…100g（正味）
- A
  - 砂糖…大さじ1
  - みりん…大さじ1
  - 水…大さじ1

作り方
1. さつまいもは1cm厚さの輪切りにし、水にさらして5分おく。
2. 耐熱ボウルに水けをきった❶のさつまいもを入れ、水1/2カップ（分量外）を注ぎ、両端を少しあけてラップをする。
3. 電子レンジ600Wで5分加熱する。竹串を刺してスーと通ったらとり出して、湯をきる。
4. さつまいもをボウルにもどし、フォークやスプーンの背でつぶし、❷を加えて混ぜる。

数の子
50kcal／塩分0.7g

材料　作りやすい分量（1人分×4）
- 数の子（塩水漬け）…2本(200g)
- A
  - 水…100ml
  - 帆立だしの素（顆粒）…小さじ1/2
  - 酒…大さじ1
  - しょうゆ…大さじ1
  - 砂糖…大さじ1
  - 赤唐辛子…2本（種を除く）
- 削りがつお…少量

作り方
1. 500mlの水に塩小さじ1/2を入れてとかし、数の子を浸す。2時間おきに3回、同じ割合の塩水ととりかえる。数の子の端をちょっと食べてみて、少し塩気を感じる程度で塩水から引き上げる。
2. 親指の腹で軽くこするようにして、数の子の薄皮を除く。切り目の薄皮は竹串を使って除く。❷を合わせてひと晩漬ける。
3. 削りがつおと盛りつける。

ちょっとお楽しみのレシピ

酒の肴&スイーツ

お酒やスイーツの時間も大切。ほんの少しのブレイクで、気持ちに余裕が生まれます

食事の前にお酒をちょっと1杯。お酒とつまみを楽しみながら、ゆっくりと時間を過ごす。そんな日は、ストレスもするっと溶け出しそう。ほんの少しのアルコールが、心をほぐし、食を進める手助けをしてくれることもあります。気のおけない友人を招いて家飲み、というのもいいですね。
そして、スイーツ。デザートやおやつの時間は、食事とはち

ょっと別物（別腹ともいいますね）。スイーツには、わくわくするような楽しさやうれしさがついてきます。おひとりさまなら、食べたいときに1人分、ムラカミ流はいつでもすぐに作れるのがいいところ。
お酒もスイーツも、食のメインではないけれど、私たちの食生活を豊かに彩ってくれるもの。なんとなく幸せ…。そんな感じがいいのです。

酒の肴

酔っぱらいエビ

エビそのもののおいしさを楽しむ

54kcal 塩分0.2g

材料

エビ（無頭）…4尾（60g）
酒…小さじ1

作り方

1. エビの足ははさみで切る。背は殻ごとはさみで切り開く。えびの背の身の切り目を指でこすって背ワタを除く。
2. 耐熱皿にエビの尾が内側にくるように並べて、酒をかけ、ふんわりとラップをする。
3. ターンテーブルに割り箸2膳を並べ※、その上に❷の皿をのせ、電子レンジ600Wで1分加熱する。えびの殻が真っ赤になれば、できあがり。

※ターンテーブルつきの電子レンジの場合、割り箸を皿の下にしくと、裏側にも電波の通り道ができ、エビを裏返す手間が省ける。

※ターンテーブルなしのフラットタイプの電子レンジの場合は、底面の下にコンデンサーがあり、焦げやすくなるので、割り箸は使用しない。

酒の肴

ゆずの香りでお酒が進む

きのこのゆず浸し

53kcal
塩分1.2g

材料
生しいたけ…2枚
しめじ…1/2パック（50g）
えのきたけ…1パック（50g）
A ┌ 水…大さじ1
　│ 酢…大さじ1
　│ 砂糖…大さじ1
　└ 塩…小さじ1/5
ゆずの皮（せん切り）…少量

作り方
1. 生しいたけは、軸を除き、1cm幅に切る。しめじは、石づきを除いてほぐす。えのきたけは、石づきを除き、長さを半分に切ってほぐす。
2. 耐熱ボウルに🅐を合わせ、❶のきのこを加える。小皿をじかにのせ、両端を少しあけてラップをし、電子レンジ600Wで2分加熱する。とり出して混ぜ、器に盛り、ゆずの皮のせん切りをのせる。

酒の肴

アスパラとカニの加減酢かけ

ほどよい酸味であと口さっぱり

39kcal
塩分1.1g

材料
グリーンアスパラ…2本
カニ（缶詰または冷凍）…30g
A ┃ 水…大さじ1
　┃ うす口しょうゆ…小さじ1
　┃ 酢…小さじ1

作り方
1 グリーンアスパラの下半分は、ピーラーで薄く皮をむく。長さを2等分し、ポリ袋に入れ、水大さじ2（分量外）を加え、電子レンジ600Wで1分〜1分30秒加熱し、ポリ袋に水を注いで冷まし、ざるにあげる。
2 冷凍カニの場合は解凍し、水気をきっておく。カニは軟骨を除いてほぐす。
3 ❶❷を器に盛り、Ⓐを合わせた加減酢をかける。

ポテトベーコン

酒の肴

カリッとした食感とチーズの香りが絶妙

101kcal
塩分0.3g

材料
ポテトチップス（市販）…10枚
ベーコンの薄切り（ハーフタイプ）
　…2枚（10g）
パルメザンチーズ（粉）…少量

作り方
1　耐熱皿にクッキングシートをしき、ポテトチップスを5枚ずつ2列に並べ、それぞれの上にベーコンを1枚ずつおき、パルメザンチーズをかける。
2　ふんわりラップをかけ、電子レンジ600Wで1分加熱する。

酒の肴

飛び出た骨がご愛嬌

ミニ焼きとり

85kcal
塩分0.7g

材料

鶏手羽中ハーフ
　…3本（骨つきで75g）
塩、こしょう…各少量

作り方

1. 鶏手羽中は、骨ごと長さを半分に切り、塩、こしょうをふる。
2. 耐熱皿にクッキングシートをしき、中央をあけて鶏手羽中を並べ、ふんわりラップをかける。
3. ターンテーブルに割り箸2膳を並べ、❷の皿をのせ、電子レンジ600Wで1分30秒〜2分、皮がパリッと焦げるまで加熱する。

100

酒の肴

ゆでブロッコリーのマヨネーズ添え
マヨネーズをちょこっとつけて

材料
- ブロッコリー…50g
- マヨネーズ…小さじ1

作り方
1. ブロッコリーは小房に分けてポリ袋に入れ、水大さじ2を加え、電子レンジ600Wで40秒加熱。
2. ポリ袋に水を注いで冷まし、水けをきる。3～4等分して皿に盛り、マヨネーズを添える。

45kcal 塩分0.2g

酒の肴

ほうれん草のおひたし
定番のおひたしを少量作りでおつまみに

材料
- ほうれん草…50g
- A
  - しょうゆ…小さじ1/2
  - 和風だしの素（顆粒）…ひとつまみ

作り方
1. ほうれん草は長さを2等分し、ポリ袋に入れて水大さじ2を加え、電子レンジ600Wで1分加熱する。
2. ポリ袋に水を注いで冷まし、絞ってアク水を除き、1.5～2cm長さに切る。
3. Aを加えてあえる。

12kcal 塩分0.5g

酒の肴

切りっぱなしトマト
いちばん簡単、切るだけつまみ

材料
- トマト…1/2個

作り方
トマトはへたをとり、縦に5mm幅に切る。

14kcal 塩分0.0g

スイーツ

生キャラメル
ゆでるだけのクセになるドルチェ

全量
1314kcal
塩分1.6g

材料
コンデンスミルク…1缶(397g)

作り方
1 缶詰をそのまま鍋に入れ、水を缶詰の2cm上まで注ぎ、ふたをして火にかける。
2 沸騰したら鍋のふたをはずし、缶の上に常に湯が2cmある状態で、強火でグラグラ2時間ゆでる。小缶を使っても、ゆで時間は同じ。
3 ❷を器に盛る。

バゲットを5mm幅に切り、軽くトーストして添える。

練乳がキャラメルになる理由
この生キャラメルは、ブラジルでは「ドセ・デ・レイテ」と呼ばれています。南米のアルゼンチンでも、家庭のおやつとして有名。現地では、甘〜いクッキーにコテコテに塗りつけて食べるのですって！
さて、練乳がキャラメルになる理由は、練乳に含まれている牛乳のたんぱく質のアミノ化合物と乳糖などのカルボニル化合物、ショ糖に含まれているグルコース、果糖（フラクトース）が、缶ごとゆでている間に褐色のメラノイジンを形成するため。これできつね色のキャラメルになるのです。

※缶詰の中は減圧状態なので、たっぷりの熱湯でゆでれば、中味は膨張しません。缶詰を直火にかけると中の水分が膨張して爆発します。危険なので絶対に行わないでください。

スイーツ

バニラアイスクリーム＆はちみつ・コンデンスミルク

濃くて深い甘さにうっとり

195kcal
塩分0.2g

材料

バニラアイスクリーム（市販）
　…1パック（100g）
はちみつ…小さじ1〜2
コンデンスミルク…小さじ1〜2

作り方

器にバニラアイスクリームを入れて、はちみつを線状に絞りかけ、コンデンスミルクをかける。

スイーツ

ふわふわチョコレートケーキ

油脂を使わない驚きのケーキ。温かいうちに食べて

267kcal 塩分0.2g

材料

〈チョコレートスポンジ〉
卵…1個
砂糖…大さじ3
バニラエッセンス…少量
天ぷら粉または薄力粉
　…大さじ2
ココア…大さじ1
ココア(仕上げ用)…適量

[準備]
「ジップロック」®コンテナー角大(14.5×14.5×6.3cm/591ml)に、コンテナーの底の大きさより少し小さめに切ったクッキングシートをしく。粉はココアと一緒にふるっておく。

作り方

1 ボウルに卵と砂糖、バニラエッセンスを入れ、湯せんにして、ハンドミキサーの高速で2分間、4倍量になるまで泡立てる。

2 湯せんをはずしてさらに1分間、ハンドミキサーで泡立てながら室温まで冷ます。

3 薄力粉とココアを加え、泡立て器で混ぜ合わせる。

4 型に流し入れる。10cmほど上からトンと落として表面を平らにするとともに、粗い気泡を追い出す。ふたをして、耐熱皿にのせる。

5 電子レンジ600Wで1分20秒加熱する。

6 電子レンジからすぐにとり出す。ふたをとり、クッキングシートと皿をかぶせて逆さにし、スポンジをとり出す。

7 器に盛り、ココアをふるいかける。

スイーツ
1分プリン

おひとりさまプリンは電子レンジにおまかせ

250kcal 塩分0.3g

材料

A
- 砂糖…大さじ2
- 水…大さじ1と1/3

B
- 牛乳…1/2カップ
- 卵…1個
- 砂糖…大さじ1
- バニラエッセンス…少量

作り方

1. カラメルソースを作る。小さめの耐熱ボウルに**A**の砂糖と水小さじ1を入れて混ぜ、ラップをせずに電子レンジ600Wで1～2分加熱する。焦げ色がついてきたらとり出して、ゆすりながら好みの色にする。残りの水を加え混ぜて、冷ましておく。
2. プリン液を作る。ボウルに**B**を入れ、泡立て器でよく混ぜ合わせ、こし器でこす。
3. 内側にサラダ油（分量外）をぬったカフェオレボウルに**2**のプリン液を流し入れ、ラップをぴったりとかぶせる。アルミホイルを容器の直径より2cmほど大きく切りとり、中央を直径5cm分ほど丸く切りとって、上にかぶせる。
4. 電子レンジの中央におき、600Wで1分加熱する。とり出して卵がゆるいようだったら、さらに10秒ほど加熱する。

※卵液は余熱で火が通るので、様子を見ながら、追加加熱する。

5. 食べるときに、**1**のカラメルソースをかける。

スイーツ

いちごのコンポート

フレッシュなフルーツのおいしさを閉じ込めて

81kcal
塩分0.0g

材料
いちご…5個(75g)
砂糖…大さじ1と1/2
レモン汁(または水)…小さじ2

作り方
1 いちごは、へたをとる。
2 耐熱ボウルに❶を入れ、砂糖をのせ、レモン汁をかける。
3 ふんわりラップをし、電子レンジ600Wで1分30秒加熱する。とり出して混ぜる。

※コンポートはいちご以外に、りんご、桃、プラムなど、いろいろなフルーツで同様に作れます。基本は皮をむいたフルーツの正味重量に対し、20%の砂糖を用意すること。あとはレモン汁、または水をプラス。電子レンジ600Wでフルーツ100gにつき2分加熱すればOKです。

「食」は生きるうえで、いちばんの基本部分。だから、ちゃんと食べる。

食べることを突き詰めてきたら、いつの間にかシンプルな暮らしに行き着きました

もう一度、食に関する仕事がしたいと、自宅のある福岡から東京・西麻布のスタジオに通い始めて12年。

息子たちは独立、舅も父も見送ったあとの再出発！　私自身が10回に及ぶ手術を受けたことがありましたが、「ちゃんと食べる」ことで命を長らえることができました。

食育の講演や実習の依頼があれば、全国どこでも、荷物を担いで出かけます。

スタッフに休日はありますが、私は1年365日体制。1日に3回、飛行機に搭乗することもあります。

えっ、なんで、そんなに元気なの!?

それは、「ちゃんと食べている」からではないかと思います。東京出張中はシングル・アゲインの生活。福岡では亭主とふたり。

自宅のキッチンもコンパクトにやり変えました。

村上祥子

ムラカミ流シンプルキッチン

種類も数もたくさんの鍋を持っていた時期がありました。でも今は、電子レンジ、オーブントースター、IHクッキングヒーターを除けば、鍋釜調理器具は、シンク下の引き出しひとつに収まっています。

ムラカミ流シンプルキッチンでひときわ目立つピカピカの大きな冷蔵庫！ 中には信頼がいっぱい。私の生き生きとした暮らしを支えています。

> **おひとりさまおすすめ！**
>
> **シンプルキッチンの成功のカギ、大きな冷凍冷蔵庫！**
>
> 肉、魚、卵、牛乳、野菜に果物はもちろんのこと、水、乾物、パン、米、調味料まで、扉を開ければ、そこには私の食べ物がすべて詰まっています。この安心感は大きい！

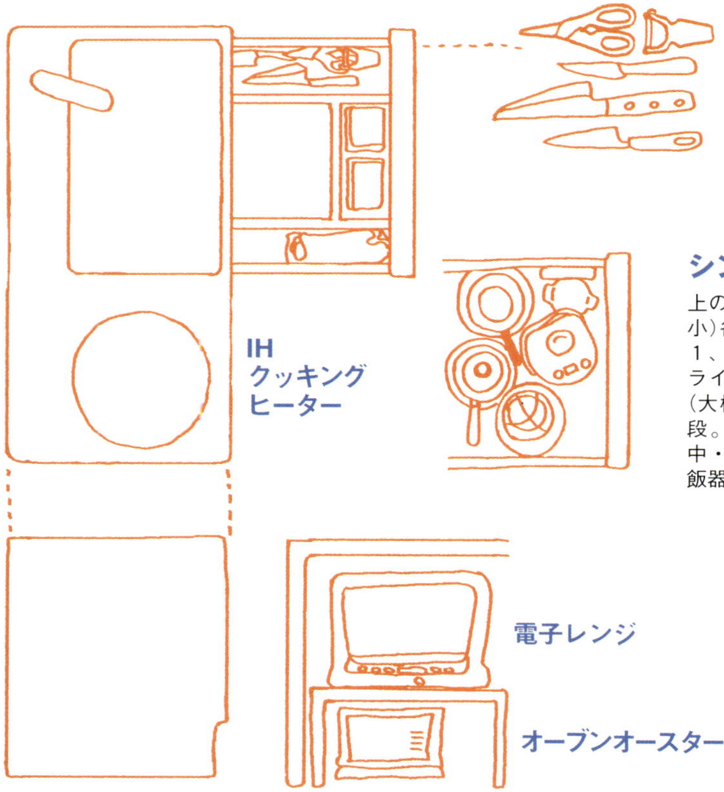

IHクッキングヒーター

シンク下の引き出し
上の段。包丁、スプーン（大・小）各1、フォーク（大・小）各1、計量スプーン（大・小）、スライサーチーズのグレーター（大根おろし器も兼用）。下の段。耐熱ガラスボウル（大・中・小）各1 やざる（小）1、炊飯器、フライパン。

電子レンジ

オーブンオースター

長いものはガラスの瓶に
箸やターナー、泡立て器などはガラスの瓶に立てて保存。見やすいし清潔感もある。

108

棚にはお気に入りの食器

食器はこれだけ。色がきれいなものや形が気に入ったものだけを厳選。この棚の下にテーブルと椅子があります。

棚の下にかけて収納

メジャーカップや水切りかごは棚の下にフックをつけて見える収納。洗い終わったら水気をふいてポンとかける。シンクから近く、動線が短くて楽。

> おひとりさまおすすめ！

フッ素樹脂加工のフライパンで楽々調理

おひとりさまの必携調理器具。フッ素樹脂加工のフライパンひとつあれば、焼く、ソテー、煮る、煮込む、蒸すがOK。そのために、直径24〜26cmの大きめのフライパンを選びます。サイズの合うふたも用意します。

ただし、フッ素樹脂加工のフライパンはから焼きは禁物。

肉をジューシーに焼くために、前準備を。フライパンに油を1cm深さほど流して強火で3分加熱。油のおかげでフライパンも熱くなります。そして油をあけます。フライパンに残った油はキッチンペーパーでふきとります。さあ、これでステーキもオムレツも上手に焼けます。

料理索引・エネルギー・塩分一覧

※特に表記がないかぎり、1人分の数値です。あいうえお順。

ごはん・パン・麺

アジずし　380kcal／塩分2.4g　……32
アナゴどんぶり　354kcal／塩分1.8g　…75
カニめし　319kcal／塩分0.9g　……30
かき揚げの天ぷらうどん　457kcal／塩分3.6g　………………………48
キャベツともやしの焼きそば　421kcal／塩分3.5g　………………………64
きのこおこわ　389kcal／塩分1.3g　…88

スパゲティ・トマトソース　409kcal／塩分2.0g　………………………18
雑煮　169kcal／塩分1.8g　………92
タイ茶漬け　452kcal／塩分3.2g　…12
茶飯　254kcal／塩分0.0g　………26
ちらしずし　427kcal／塩分2.1g　…84
天丼　747kcal／塩分3.1g　………40
バゲット　195kcal／塩分1.1g　…42

パンケーキ　481kcal／塩分1.4g　………47
冷やしそうめん　219kcal／塩分3.2g　…86
ボンゴレスパゲティ　489kcal／塩分1.3g　………………………76
豆カレー　470kcal／塩分2.3g　……77
目玉焼きトースト　264kcal／塩分1.5g　…45
※ごはん　252kcal／塩分0.0g

主菜

アジのムニエル　268kcal／塩分1.0g　…22
石狩鍋　235kcal／塩分1.3g　……53
薄焼き卵　89kcal／塩分0.3g　……72
おでん　414kcal／塩分3.9g　……26
カツレツ・ミラネーゼ　288kcal／塩分1.0g　………………………18
カキとぎんなんのオイスターソース炒め　243kcal／塩分3.4g　…………62
カニ風味かまぼこのグラタン　264kcal／塩分2.2g　………………………66
カレイの煮つけ　186kcal／塩分2.0g　…24
サケのから揚げ　275kcal／塩分2.0g　…56
サケの煮つけ　215kcal／塩分1.8g　…59

さつまいもとにらの豚しゃぶ鍋　284kcal／塩分1.2g　………………………52
サンマの酢煮　492kcal／塩分1.8g　…58
塩サバ焼き　164kcal／塩分1.2g　…61
大根とサクラエビの煮物　107kcal／塩分2.2g　………………………38
だし巻き卵　236kcal／塩分1.9g　…30
タラの酒蒸し　79kcal／塩分1.1g　…60
チーズとおかかのオムレツ　301kcal／塩分1.8g　………………………42
照り焼きチキン　289kcal／塩分1.9g　…28
豆腐の納豆のせ　219kcal／塩分0.9g　…44
鶏しんじょ鍋　416kcal／塩分3.9g　…54

ハムとオクラ　97kcal／塩分2.0g　…46
春野菜の鍋　153kcal／塩分1.8g　…50
ペーパーカツ　488kcal／塩分1.7g　…36
麻婆豆腐　277kcal／塩分1.8g　……16
マグロの漬物タルタル　182kcal／塩分1.8g　………………………20
ミートローフ　226kcal／塩分0.9g　…67
蒸し鶏　208kcal／塩分1.2g　……34
油淋鶏　251kcal／塩分2.0g　……74
酔っぱらいエビ　54kcal／塩分0.2g　…95
ローストチキン　284kcal／塩分1.7g　…14

副菜

アジと大根のぬたあえ　45kcal／塩分1.2g　………………………22
アスパラとカニの加減酢かけ　39kcal／塩分1.1g　………………………97
お煮しめ　98kcal／塩分0.8g　……86
数の子　50kcal／塩分0.7g　………93
きのこのゆず浸し　53kcal／塩分1.2g　…96

かぼちゃのサラダ　307kcal／塩分0.5g　…71
キャベツのサラダ　114kcal／塩分0.4g　…28
キャベツの一夜漬け　14kcal／塩分1.3g　…80
きゅうりのぶったたき　27kcal／塩分0.9g　………………………44
きゅうりとトマトのサラダ　49kcal／塩分0.6g　………………………45

きんとん　53kcal／塩分0.0g　……93
きんぴられんこん　126kcal／塩分1.1g　28
黒豆　70kcal／塩分0.2g　…………93
紅白なます　20kcal／塩分0.1g　…93
小松菜の野沢菜漬け風　19kcal／塩分1.0g　………………………80
ごま豆腐　94kcal／塩分0.3g　……86

昆布の佃煮　21kcal／塩分0.6g ………78
昆布巻き　39kcal／塩分0.9g ………93
大根の千枚漬け　19kcal／塩分0.6g ……20
筑前煮　69kcal／塩分0.5g ………92
茶わん蒸し　116kcal／塩分1.6g ………88
チンゲンサイのにんにく炒め　68kcal／
　塩分1.2g ……………………………65
手ちぎりキャベツ　92kcal／塩分1.0g …36
トマトの切りっぱなし　14kcal／塩分0.0g
　……………………………………100
トマトのパリジャン　110kcal／塩分1.0g　68
なす漬け　25kcal／塩分1.6g ………34

にんじんとリンゴのサラダ　230kcal／塩分
　0.6g …………………………………70
白菜のグラタン　136kcal／塩分1.0g …14
白菜のフルーツサラダ　146kcal／塩分0.2g
　……………………………………12
ほうれん草のおひたし　12kcal／塩分0.5g
　……………………………………100
ほうれん草とベーコンのサラダ　152kcal／
　塩分1.3g ……………………………38
ポテトとキャベツのインド風サラダ　168kcal／
　塩分0.9g ……………………………69
ポテトベーコン　101kcal／塩分0.3g …98

ミックスピクルス　16kcal／塩分0.3g …80
水煮大豆の甘煮　130kcal／塩分0.7g …79
ミニ焼きとり　85kcal／塩分0.7g ……99
みょうがとほうれん草のかわりごまあえ
　98kcal／塩分1.2g …………………32
もやしと小ねぎのポン酢炒め　188kcal／
　塩分1.0g ……………………………24
ゆでブロッコリーのマヨネーズ添え　45kcal／
　塩分0.2g ……………………………100
れんこんとわかめの三杯酢　39kcal／塩分
　0.8g …………………………………86

汁物

アジと豆腐の潮汁　81kcal／塩分1.8g …22
アジとにんじんの潮汁　70kcal／塩分1.4g
　……………………………………32
糸寒天とわかめのみそ汁　17kcal／塩分1.3g
　……………………………………44
うずみ豆腐　94kcal／塩分1.5g ………38
からつゆ　20kcal／塩分1.4g ………14
キャベツのみそ汁　39kcal／塩分1.3g …24

具だくさん汁　101kcal／塩分1.4g …20
具だくさんみそ汁　158kcal／塩分1.5g　30
里芋とトマトの酸辣湯　74kcal／塩分1.4g
　……………………………………16
サーモンチャウダー　359kcal／塩分1.0g
　……………………………………57
トマトのみそ汁　31kcal／塩分1.3g …46
なめこと三つ葉のみそ汁　27kcal／塩分1.3g

　……………………………………26
なすと絹さやのみそ汁　60kcal／塩分1.3g　36
はんぺんのすまし汁　30kcal／塩分1.6g　84
麩のみそ汁　39kcal／塩分1.3g ………40
麻婆スープ　209kcal／塩分1.5g ……34
もずくのみそ汁　21kcal／塩分1.4g …12

スイーツ＆ドリンク

1分プリン　250kcal／塩分0.3g ……105
いちごのコンポート　81kcal／塩分0.0g
　……………………………………106
オレンジミルク　112kcal／塩分0.1g …47
カフェオレ　102kcal／塩分0.1g ……45
キウイ　53kcal／塩分0.0g …………42

デミタスコーヒー　6kcal／塩分0.0g …47
生キャラメル　全量1314kcal／塩分1.6g
　……………………………………102
バニラアイスクリーム＆はちみつ・コンデ
　ンスミルク　195kcal／塩分0.2g …103
フルーツ＆バニラアイスクリーム　263kcal／

　塩分0.1g ……………………………18
ふわふわチョコレートケーキ　267kcal／
　塩分0.2g ……………………………104
ミルクティ　94kcal／塩分0.1g ……42
ヨーグルト　77kcal／塩分0.0g ………16

村上祥子 むらかみさちこ

料理研究家。管理栄養士。母校の福岡女子大学で15年間、臨床栄養と栄養指導実習講座を担当。電子レンジを駆使したかんたんヘルシー料理の第一人者で30秒発酵パン、バナナ酢の生みの親。日本と世界の伝統食、食育、肥満や生活習慣病予防の食にも詳しい。東京と福岡でクッキングスタジオを主宰し、3歳児向け「ミニシェフクラブ親子クラス」、シニア向け「1人分でもおいしくできる一汁二菜」などのクラスを展開。NHK「生活ほっとモーニング」などのテレビ出演から商品開発まで多彩な活躍をしている。「食べ力（ぢから）は生きる力」を信念に国内外をかけめぐり、講演は海外も含め、年間平均100回に及ぶ。著書は『味つけひとつでなんでも料理』『1800kcalの健康献立』（女子栄養大学出版部）『糖尿病のための絶対おいしい献立』（ブックマン社）、『村上祥子の野菜たっぷりのおかず』（日本文芸社）、『Murakami Magicでハッピー介護食』（中央法規出版）など200冊以上、500万部に及ぶ。

*** 村上祥子ホームページ ***

http://www.murakami-s.com/index.htm

協力 ●㈱ムラカミアソシエーツ
　　　　（別府めぐみ、長友藍子、古城佳代子、横田美子）
栄養計算 ●㈱ムラカミアソシエーツ栄養計算部

撮影 ● 矢野宗利
スタイリング ● 吉岡彰子
デザイン ●大山肇　切江聡子　藤田桜子（ティーボックス）
編集 ● 柳澤英子　今麻美（ケイ・ライターズクラブ）

村上祥子のおひとりさまごはん

2009年6月20日　初版第1刷発行
著　者　村上祥子
発行者　香川達雄
発行所　女子栄養大学出版部
　　　　〒170-8481　東京都豊島区駒込3-24-3
　　　　電話 03-3918-5411（営業）03-3918-5301（編集）
　　　　URL http://www.eiyo21.com
　　　　振替 00160-3-84647

印刷・製本　凸版印刷株式会社
乱丁本、落丁本はお取り替えいたします。
本書の内容の無断転載・複写を禁じます。
ISBN978-4-7895-4828-1　Printed in Japan
ⒸSachiko Murakami,2009